FICHES BAC

1re BAC FRANÇAIS

Le mémento de la littérature française

Hélène Potelet
Agrégée de lettres classiques

Hatier

Table des illustrations

Dépliant intérieur – I : ph © B.N.F., Paris, Département des Estampes/Archives Hatier • II : ph © Photo Josse/Leemage • III : ph © René-Gabriel Ojedah/RMN • V : ph © Superstock/Leemage • VI : ph © Bridgeman Images • VIII : ph © Photo Josse/Leemage • IX : ph © Photo Josse/Leemage • XI : ph © Luisa Ricciarini/ Leemage - Paris, Centre G. Pompidou, MNAM. © Salvador Dalí, Fundació Gala-Salvador Dalí/Adagp, Paris 2015 • XII : ph © RMN Paris, Centre Pompidou – MNAM-CCI Dist. RMN-Grand Palais/Georges Meguerditchian © Adagp, Paris 2015.

Rabats – II : ph © Archives Hatier et Wikimédia commons • III : ph © Wikimédia commons • IV : ph © Archives Hatier et Wikimédia commons • V haut : ph © Archives Hatier et Wikimédia commons • V Beckett : ph © Louis Monier/ Gamma-Rapho • V Céline : ph © Keystone/Gamma-Rapho • V Camus : ph © Izis Bidermanas/Gamma-Rapho • V Duras : ph © Laurent Maous/Gamma-Rapho • V Modiano : ph © Ulf Andersen/Gamma-Rapho.

Malgré nos efforts, il nous a été impossible de joindre certains photographes ou leurs ayants droit, ainsi que des éditeurs ou leurs ayants droit de certains documents, pour solliciter l'autorisation de reproduction, mais nous avons naturellement réservé en notre comptabilité des droits usuels.

Conception maquette : **Favre & Lhaïk** • *Édition :* **Luce Camus**
Schémas : **Domino** • *Mise en pages :* **STDI**

SOMMAIRE

CHECK LIST

Le Moyen Âge : les débuts de la littérature française

OK ☑

Le XVIe siècle : la Renaissance et la Réforme

OK ☐

Le XVIIe siècle : baroque et classicisme

OK ☐

Le XXe et le XXIe siècle : la modernité littéraire

OK ☐

DÉPLIANT ET RABATS

- Panorama de l'histoire de la littérature française

- Citations clés
- Auteurs phares

Le Moyen Âge : introduction

1

Le Moyen Âge historique s'étend sur dix siècles (de 476 : chute de l'Empire romain d'Occident à 1453 : prise de Constantinople par les Turcs) ; le Moyen Âge dit « littéraire » commence avec les premières chansons de geste (vers 1100) et se termine à la Renaissance (fin du XVe siècle). Le fait marquant est la naissance de la langue française.*

1 Caractéristiques générales

Le Moyen Âge est une période de troubles, mais aussi d'essor économique, culturel et artistique.

▶ Le royaume de France se constitue lentement. L'autorité royale s'impose difficilement face à la **féodalité***. Les guerres se succèdent, tandis que les esprits sont animés d'une foi ardente, à l'origine des **croisades*** et de l'épanouissement de l'**architecture romane et gothique**.

▶ Ces siècles d'instabilité voient cependant **éclore la langue et la littérature françaises**.

2 Repères historiques

A Ve-XIe siècle : la constitution du système féodal

▶ 481 : **Clovis**, roi des Francs, se rend maître de la quasi-totalité de la Gaule et fonde la dynastie des **Mérovingiens** (481-751).

▶ 751-987 : Pépin le Bref fonde la dynastie des **Carolingiens**.

• Son fils **Charlemagne** (742-814) est **sacré empereur** d'Occident en l'an 800. Il favorise le développement artistique et intellectuel, propage le christianisme, étend son empire. Avant sa mort, il partage ses États entre ses trois fils.

• Pendant ce temps, les Vikings ravagent le territoire (IXe-Xe siècle), la dynastie carolingienne s'effondre. Les seigneurs, possesseurs de terres et de châteaux forts, affirment leur puissance : ils constituent la **classe féodale**.

▶ 987 : **Hugues Capet** (987 à 996) fonde la dynastie des **Capétiens**.

▶ Les **guerres féodales**, la **conquête de l'Angleterre** par Guillaume le Conquérant (1066), la **1re croisade** (1096-1099) favorisent l'éclosion des **chansons de geste** qui célèbrent l'héroïsme guerrier.

B XIIe siècle : un siècle de renouveau

▶ Le XIIe siècle est marqué par le **progrès économique**, une **urbanisation** croissante, un **rayonnement culturel et religieux** (2e et 3e croisades ; fondation d'ordres religieux ; épanouissement de l'art roman et gothique ; création des premières universités).

▶ Les mœurs des féodaux s'adoucissent : les seigneurs goûtent un nouvel art de vivre, élégant et raffiné. Sous l'influence d'**Aliénor d'Aquitaine** (épouse de Louis VII) et de ses deux filles, la cour devient le centre de la vie mondaine, où les femmes occupent une place privilégiée. À côté de l'héroïsme guerrier se développe le service d'amour : l'**esprit courtois*** est né (→ FICHE 5).

C XIIIe siècle : l'apogée culturel

▶ Les rois capétiens Philippe Auguste (1180-1223), Louis IX ou Saint Louis (1226-1270), Philippe IV le Bel (1285-1314) **renforcent leur autorité.**

▶ Le développement économique et culturel est en pleine expansion. La population urbaine augmente, avec l'arrivée d'une nouvelle classe sociale, celle des **bourgeois***. Une nouvelle littérature apparaît, qui cultive le **réalisme et** la **satire** (→ FICHE 6) tandis que naissent les créations dramatiques à l'occasion des fêtes religieuses (→ FICHE 7).

D XIVe et XVe siècles : l'aube de la Renaissance

▶ Les **Valois** accèdent à la royauté : Philippe VI de Valois (1328-1350), Charles V (1364-1380), Charles VII (1422-1461), Louis XI (1461-1483).

▶ La période est marquée par la **guerre de Cent Ans** (1337-1453) et la figure de **Jeanne d'Arc** qui délivre Orléans (1429), assiégée par les Anglais. Elle s'achève avec l'invention de l'**imprimerie** (1455) et la découverte du **Nouveau Monde** : en 1492, Christophe Colomb découvre l'Amérique.

▶ Dès le XIVe siècle apparaît une **littérature plus personnelle** : les auteurs expriment leurs sentiments (→ FICHE 4) ; le théâtre connaît un grand succès (→ FICHE 7).

La formation de la langue française 2

QUIZ p. 17

La langue celtique, parlée par les Gaulois avant la conquête romaine, est peu à peu supplantée par la langue des vainqueurs, le latin, à l'origine du français.

1 Du latin au français : le roman

A La genèse de l'ancien français

Dès le Ve siècle, à partir du **latin vulgaire** reproduit par les Gaulois, naît un langage composite appelé le **roman** – de *romanus*, « romain » –, qui deviendra l'ancien français (XIe-XIVe siècle).

B Les premiers écrits en langue romane

▶ Les ***Serments de Strasbourg*** (842) sont le premier texte écrit en roman : Charles le Chauve et Louis le Germanique, petits-fils de Charlemagne, concluent à Strasbourg un pacte d'alliance contre leur frère Lothaire.

> *Pro Deo amur et pro christian poblo et nostro commun salvament, [...] si salvarai eo cist meon fradre Karl.*
> « Pour l'amour de Dieu, pour le peuple chrétien et pour notre salut commun [...], je secourrai mon frère Charles que voici. »
> ■ *Serments de Strasbourg*

▶ Premier texte littéraire roman, ***La Séquence de sainte Eulalie*** (881) est un poème à la gloire de la sainte martyre.

2 Langue d'oc et langue d'oïl

La langue romane est constituée de **nombreux dialectes** ou langues régionales.

▶ On distingue les parlers du **Nord** (tels que le normand, le picard, le champenois, le francien), regroupés sous l'appellation de **langue d'oïl**, et ceux du **Sud** (tels que le provençal, le limousin, le poitevin), auxquels on a donné le nom de **langue d'oc**. Ces langues sont ainsi nommées parce qu'au Sud « oui » se disait *oc* et au Nord, *oïl*.

▶ À partir du XIIIe siècle, le **dialecte de l'Île-de-France, le francien**, s'impose par son prestige et par son génie propre : il devient vers le XVIe siècle la langue de tout le royaume ou langue française.

Les chansons de geste

3

QUIZ p. 17

La poésie épique s'est développée en France du XIe au XIIIe siècle, sous la forme des chansons de geste qui exaltent les valeurs féodales et chevaleresques. On les groupe en trois cycles.

1 Trois cycles

A Le cycle de Charlemagne

Consacré aux **exploits de Charlemagne**, le cycle est illustré par *La Chanson de Roland* (fin du XIe siècle).

B Le cycle de Garin de Monglane

Son héros est **Guillaume d'Orange**, cousin de Charlemagne, devenu moine à la fin de sa vie. Dans *Le Charroi de Nîmes* (vers 1250), Guillaume s'empare de la ville, tenue par les Sarrasins, en y introduisant un « charroi » (charrette) de tonneaux où sont cachés des chevaliers.

C Le cycle de Doon de Mayence

Il évoque la lutte menée par **Charlemagne contre ses barons révoltés**, par exemple dans *Renaud de Montauban* (début du XIIIe siècle).

2 La Chanson de Roland

Elle raconte les exploits de **Roland, neveu de Charlemagne**, face au roi sarrasin Marsile, et sa mort tragique à Roncevaux.

> Le comte Roland [...] tient Durendal, son épée, qui bien tranche et bien taille. / Des Sarrasins il fait grand carnage.
>
> ■ *La Chanson de Roland*

L'essentiel sur...

La Chanson de Roland

- Un texte écrit en **langue d'oïl** (ancien français), comportant 4 002 décasyllabes.
- Un récit imaginé à partir d'un **fait historique** datant du VIIIe siècle.
- Des personnages incarnant des **types humains** (le preux, le traître…) ; un héros se caractérisant par sa **haute valeur morale.**
- Une **écriture épique** (répétitions, amplifications, merveilleux chrétien), donnant au récit une dimension grandiose.

La poésie lyrique au Moyen Âge

4

? QUIZ p. 17

La poésie lyrique est à l'origine une poésie chantée. Au Moyen Âge, elle s'affranchit progressivement de la mélodie.

1 Une poésie chantée par les troubadours

Au Moyen Âge, certaines formes de poèmes, célébrant l'amour ou déplorant ses tourments, étaient destinées à être chantées.

A La chanson de toile

Au début du XIIe siècle apparaît la chanson de toile, que les femmes chantent en filant ou en cousant. Ponctuée par un refrain triste, elle conte un **petit drame d'amour**.

B Le lyrisme courtois

▶ À la même époque se développe dans le **Midi de la France** une **poésie de cour** (dite courtoise*), d'inspiration amoureuse, chantée par les **troubadours***.

▶ Bientôt, la vogue du lyrisme courtois se répand dans les **cours du Nord** par l'intermédiaire des **trouvères*** et sous l'impulsion d'Aliénor d'Aquitaine (reine de France en 1137, puis reine d'Angleterre en 1154) et de sa fille Marie de Champagne.

> INFO Les plus anciens troubadours sont Guillaume IX de Poitiers, duc d'Aquitaine (1071-vers 1126) et Bernard de Ventadour (vers 1150-1200).

▶ Troubadours et trouvères, les premiers en langue d'oc, les seconds en langue d'oïl, modulent à l'infini le **thème de la *fin'amor*** ou parfait amour, véritable culte voué à la dame que l'amant s'efforce de mériter en se soumettant à de nombreuses épreuves.

2 Le lyrisme personnel

À la fin du XIIIe siècle, la poésie lyrique cesse d'être chantée. L'inspiration se fait plus personnelle.

A Rutebeuf (XIIIe siècle) : une vie de misère

▶ Rutebeuf, vit péniblement de sa plume à Paris. Son nom est un surnom : il est un « rude bœuf », qui trace son sillon avec patience.

▶ Son œuvre poétique mêle **lyrisme et satire** : le poète exprime sa souffrance face à la pauvreté (qui éloigne ses amis), en même temps qu'il dénonce les injustices.

> Que sont mes amis devenus
> Que j'avais si près tenus
> Et tant aimés.
>
> ■ *La Complainte Rutebeuf*, 1261-1262 (?)

B Charles d'Orléans (1394-1465) : un prince poète

▶ Frère du roi Charles VI, blessé et fait prisonnier à Azincourt (1415), il passe vingt-cinq ans de captivité en Angleterre.

▶ Sa poésie, composée de pièces courtes (ballades, rondeaux…), exprime la **mélancolie de l'exil** ou célèbre la **beauté de la nature**.

> Le temps a laissé son manteau
> De vent, de froidure et de pluie,
> Et s'est vêtu de broderies,
> De soleil luisant, clair et beau.
>
> ■ *Rondeau*, XVe siècle

C François Villon (1431-apr. 1463) : une existence tourmentée

Né à Paris, d'origine humble, il est reçu maître ès arts à la Sorbonne. Condamné plusieurs fois à la potence il est sauvé par de grands personnages.

▶ Dans ***Le Grand Testament*** (1461), le poète vit sous la menace constante d'une condamnation à mort. Malade, pauvre et seul, il pleure sa jeunesse perdue et lègue ce qu'il possède aux siens (une ballade* à sa mère, son corps à la terre…).

▶ Dans ***La Ballade des pendus***, le poète, sur le point d'être pendu, en appelle à la pitié des hommes. Il donne la parole au misérable cadavre qu'il sera, se balançant au bout d'une corde, proie des intempéries, des corbeaux et des pies.

> INFO La ballade est composée de trois strophes de huit ou dix vers suivies d'un envoi (demi-strophe de quatre ou cinq vers). Chaque strophe se termine par le même vers.

> Frères humains, qui après nous vivez,
> N'ayez les cœurs contre nous endurcis.
>
> ■ *La Ballade des pendus*, date incertaine

Le roman courtois

5

QUIZ p. 17

Après les chansons de geste qui racontent les exploits guerriers de personnages historiques et la poésie amoureuse chantée par les troubadours et les trouvères, apparaissent, au XIIe siècle, les premiers romans. À l'origine en vers, ils sont écrits en langue romane (→ FICHE 2)*, d'où leur nom.*

1 La naissance d'un genre

A Des romans de chevalerie

▶ Les premiers romans racontent les **aventures des chevaliers** et les prouesses qu'ils accomplissent, non plus pour Dieu, la France ou leur seigneur, mais **pour leur dame** à qui ils doivent le service d'amour.

▶ On les appelle « romans de chevalerie » ou « romans courtois », car ils sont destinés à un **public de cour**. Comme beaucoup de gens ne savaient pas lire, ils étaient le plus souvent lus à haute voix par des conteurs poètes.

B Des récits merveilleux

Inspirés de la « **matière de Bretagne** », ces récits font appel au merveilleux : enchantements, prodiges, présence de fées, de géants, de nains…

INFO On appelle « matière de Bretagne » un ensemble de légendes celtiques qui se sont développées en Bretagne, en Grande-Bretagne, en Irlande, autour de la figure du roi Arthur et de ses vaillants chevaliers.

C *Tristan et Iseut*

À la fin du XIIe siècle, deux poètes anglo-normands, **Thomas** puis **Béroul**, racontent la légende de Tristan et Iseut : deux jeunes gens boivent par erreur un philtre d'amour qui les unira à jamais.

> Seigneurs, vous plaît-il d'entendre un beau conte d'amour et de mort ? C'est de Tristan et d'Iseut la reine. Écoutez comment à grand'joie, à grand deuil ils s'aimèrent, puis en moururent le même jour, lui par elle, elle par lui.
>
> ■ *Tristan et Iseut*, adaptation de Joseph Bédier (1900)

2 Les premiers romanciers

A Chrétien de Troyes (v. 1135-v. 1183) : le premier romancier français

Né à Troyes (?), il vit à la cour raffinée de Marie de Champagne, fille d'Aliénor d'Aquitaine. Il est l'auteur de nombreux romans, dont certains sont très célèbres.

▶ *Yvain, le Chevalier au lion* (vers 1170) : Yvain, chevalier d'Arthur, tenté par l'aventure chevaleresque, a délaissé son épouse, Laudine. Pour regagner son cœur, il doit accomplir une série d'épreuves. Un lion qu'il a sauvé l'accompagne dans les dangers.

▶ *Lancelot ou le Chevalier à la charrette* (vers 1170) : Lancelot, pour plaire à la reine Guenièvre, ne cesse de mettre sa vie en péril. Il consent même, au risque de se déshonorer, à monter sur la charrette infâmante des prisonniers.

▶ *Perceval ou le Conte du Graal* (vers 1180) : Perceval part à la quête du Graal, vase sacré où l'on aurait recueilli le sang du Christ sur la croix. Sa démarche symbolise l'itinéraire spirituel de l'âme à la recherche de Dieu.

L'ESSENTIEL SUR...

LES ROMANS DE CHRÉTIEN DE TROYES

- Un **art brillant du récit** : agencement de l'intrigue, vivacité des dialogues, pittoresque des descriptions.
- Une **peinture sensible de l'amour**.
- Une **imagination visionnaire** qui cultive le merveilleux (enchanteurs, anneaux d'invisibilité…).

B Marie de France (XIIe siècle) : la première femme écrivain française

Marie de France vit à la cour du roi d'Angleterre Henri II Plantagenêt, qui a épousé Aliénor d'Aquitaine, la petite-fille de Guillaume IX.

▶ Dans de courts récits en vers appelés « **lais** », elle conte des aventures d'amour chevaleresque inspirées des légendes bretonnes.

▶ *Le Lai du laostic* (1160-1170) : une dame, chaque nuit, se met à sa fenêtre pour parler doucement à son bien-aimé. À son mari qui la surprend ainsi postée, elle répond qu'elle écoute le chant du laostic (rossignol). Par jalousie, il tue l'oiseau.

La littérature satirique

6

QUIZ p. 17

À côté de la littérature chevaleresque se développe une littérature populaire et bourgeoise cultivant le réalisme et la franche gaieté.*

1 *Le Roman de Renart (1170-1250)*

▶ Il est composé de vingt-sept récits en vers ou « **branches** », d'auteurs différents.

▶ Le héros, un **rusé goupil nommé Renart**, passe son temps à chercher de la nourriture et à tromper son monde. Sa victime privilégiée est le loup Ysengrin.

> INFO Le nom propre Renart (écrit par la suite *renard*) est devenu un nom commun qui a remplacé le mot *goupil*.

L'ESSENTIEL SUR...

LE ROMAN DE RENART

- Des récits où la **ruse**, incarnée par Renart, triomphe de la force.
- Des personnages pittoresques, mi-hommes mi-animaux.
- Une **parodie des chansons de geste** et des romans de chevalerie : Renart part en quête, non d'aventures, mais de nourriture…

2 *Les fabliaux* (XIIIe-XIVe siècle)*

Écrits par des auteurs le plus souvent anonymes, ils sont récités par des jongleurs*.

> Il fait bon écouter les fabliaux, Messires. Si le conte est joliment fait, on oublie tout ce qui est désagréable.
>
> ■ Début des *Trois Aveugles de Compiègne*

▶ ***Les Trois Aveugles de Compiègne*** (Courtebarbe) : un jeune homme fait croire à trois aveugles qu'il leur a donné une pièce d'or ; les aveugles s'empressent de la dépenser à l'auberge…

▶ ***Estula*** : le nom d'un chien, Estula (qui se prononce « Es-tu-là »), provoque une suite de quiproquos.

L'ESSENTIEL SUR...

LES FABLIAUX

- Une **satire des défauts humains**, visant toutes les catégories sociales.
- Une **dimension théâtrale** mise en valeur par le jeu des jongleurs.

Le théâtre au Moyen Âge

7

QUIZ p. 17

Le théâtre médiéval est d'abord lié à la religion. Au XIIIe siècle, il conquiert son indépendance : sortant de l'enceinte sacrée, le spectacle investit la place publique.

1 Le théâtre religieux

À l'origine, les offices religieux sont entrecoupés de petites scènes jouées à l'intérieur de l'église, appelées **« mystères »**, « miracles » ou « jeux », selon leur sujet.

▶ ***Le Jeu d'Adam*** (XIIe siècle) raconte la chute d'Adam et Ève, le meurtre d'Abel, l'annonce de la venue du Messie.

▶ Dans ***Le Miracle de Théophile***, de Rutebeuf (XIIIe siècle), un clerc, Théophile, a vendu son âme au diable ; pris de remords, il implore avec succès la Vierge.

▶ Dans ***Le Mystère de la Passion*** (1450), Arnoul Gréban, organiste de Notre-Dame, raconte la vie de Jésus.

2 Le théâtre comique

Il est né des intermèdes bouffons du drame sacré. Au milieu du XIIIe siècle, il devient un genre indépendant.

▶ ***La Farce de maître Pathelin*** (vers 1465, auteur inconnu) : Pathelin, un avocat fourbe et désargenté, berne le drapier Guillaume mais est lui-même berné par le berger Agnelet.

L'ESSENTIEL SUR...

LA FARCE DE MAÎTRE PATHELIN

- Une **situation comique** : celle du trompeur trompé.
- Le **comique de langage** : répétitions, jeux de mots, non-sens…
- La **satire** : avocat, juge, marchand, berger, femme, nul n'est épargné.

▶ ***La Farce du cuvier*** (fin XVe siècle, anonyme) : Jacquinot a reçu de sa femme une liste de tâches ménagères à accomplir, faute de quoi elle le battra. Mais un jour la femme tombe dans le cuvier (baquet à lessive) et appelle son mari…

Quiz express

Vérifiez que vous avez bien retenu les points importants.

Fiches 1 à 7

8

Le Moyen Âge

1 La formation de la langue française

Complétez avec : ancien français, francien, roman, Île-de-France, latin.

À partir du ...... déformé et reproduit par les Gaulois, naît un langage composite appelé ......, qui deviendra l'...... . À partir du XVIIIe siècle, le dialecte d'......, le ...... s'impose par son prestige.

2 Genres et registres au Moyen Âge

Associez chaque œuvre à son genre.

1. *Tristan et Iseut* •	• a. théâtre
2. *Le Roman de Renart* •	• b. roman courtois
3. *La Chanson de Roland* •	• c. poésie épique
4. *La Farce de maître Pathelin* •	• d. poésie lyrique
5. *La Ballade des pendus* •	• e. récit satirique

3 Les chansons de geste

Cochez les caractéristiques de *La Chanson de Roland*.

- ☐ a. un texte écrit langue d'oc
- ☐ b. un récit inspiré d'un fait historique
- ☐ c. un héros se caractérisant par une haute valeur morale

4 Le roman courtois

	Vrai	Faux
1. Les premiers romans sont écrits en vers.	☐	☐
2. Les premiers romans sont écrits en latin	☐	☐

5 La littérature satirique et le théâtre au Moyen Âge

	Vrai	Faux
1. Dans *Le Roman de Renart*, c'est le personnage d'Ysengrin qui a les faveurs du public.	☐	☐
2. Les fabliaux sont de courts récits satiriques écrits pour un public « bourgeois ».	☐	☐
3. Au Moyen Âge, le théâtre est un genre exclusivement profane.	☐	☐

Corrigés

Score : ... / xx

1 La formation de la langue française

Fiche 2

À partir du latin déformé et reproduit par les Gaulois, naît un langage composite appelé roman, qui deviendra l'ancien français. À partir du XIIIe siècle, le dialecte de l'Île-de-France, le francien, s'impose par son prestige.

2 Genres et registres au Moyen Âge

Fiches 3 à 7

1. b. – 2. e. – 3. c. – 4. a. – 5. d.

3 Les chansons de geste

Fiche 3

Réponses b. et c. *La Chanson de Roland* a été écrite à la fin du XIe siècle en anglo-normand, qui est un dialecte de la langue d'oïl (parlers du Nord).

4 Le roman courtois

Fiche 5

1. Vrai. À l'origine, un roman est un récit écrit en vers, en langue romane. Par la suite, le terme désigne un récit en prose.

2. Faux. Les premiers romans sont écrits en « roman » (langue romane, intermédiaire entre le français et le latin).

5 La littérature satirique et le théâtre au Moyen Âge

Fiches 6 et 7

1. Faux. C'est le goupil qui, par ses ruses à l'encontre des plus puissants ou des benêts (tel Ysengrin), emporte l'adhésion du public.

2. Vrai. Les fabliaux sont des contes à rire, dont les personnages sont des gens du peuple.

3. Faux. Au Moyen Âge, le théâtre a été religieux avant de devenir profane : à l'origine, les pièces sont des drames religieux, joués sur le parvis des églises. Par la suite ont été intercalés des intermèdes profanes, destinés à faire rire, dans la lignée des fabliaux.

Récap' express 9

Les mots clés de la littérature médiévale

LE CONTEXTE HISTORIQUE

▶ Chevalier. À l'époque féodale (XIe-XIIe siècle), **vassal d'une grande bravoure** qui s'engage à servir son seigneur avec l'épée et la lance et qui combat à cheval, d'où son nom.

À partir du XIIe siècle, apparaît le **chevalier courtois au service de sa dame**, une femme mariée de haut rang, à qui il voue un véritable culte et qu'il sert comme le vassal sert son suzerain.

▶ Croisades. **Expéditions militaires organisées par l'Église contre les musulmans** qui occupent la région de Jérusalem, empêchant les chrétiens de venir en pèlerinage aux lieux saints.

Au nombre de huit (de 1095 à 1270), elles se sont soldées par un échec. Elles furent cependant pour les chevaliers et les milliers de pèlerins l'occasion de réaliser un rêve de gloire et de mysticisme au travers d'une aventure hors du commun.

▶ Féodalité. Organisation politique et sociale mise en place dès le IXe siècle et reposant sur des **liens de réciprocité entre un seigneur suzerain et son vassal**. Le système de la vassalité s'est ensuite étendu : les seigneurs se sont reconnus vassaux des grands seigneurs ; les grands seigneurs eux-mêmes, vassaux des rois, suzerains suprêmes.

Le régime féodal a développé les vertus guerrières, le sens de l'honneur et le sentiment religieux : le chevalier, envers et contre tous, est fidèle à son seigneur et à son Dieu.

GENRES ET REGISTRES

▶ Ballade. **Poème** composé de trois strophes de huit ou dix vers suivies d'un envoi (demi-strophe de quatre ou cinq vers). Chaque strophe se termine par le même vers.

▶ Chanson de geste (du latin *gesta*, « exploits »). **Long poème épique** écrit par des auteurs anonymes et récité par des jongleurs. Les chansons de geste racontent, mêlant histoire, légende et merveilleux, les exploits de personnages historiques (Charlemagne, Guillaume d'Orange…).

▶ Fabliaux (du latin *fabula*, « histoire, récit »). **Cours récits en vers d'inspiration satirique** et destinés à faire rire. Ils se moquent des défauts des hommes à travers des personnages types (le mari jaloux, le paysan naïf, le curé gourmand ou peureux, la femme, présentée comme infidèle, gourmande et rusée).

▶ Farce. À l'origine, intermède comique introduit (comme la farce à l'intérieur d'un mets) entre les différents épisodes de représentations sérieuses. La farce devient ensuite une **pièce comique** à part entière.

▶ Littérature bourgeoise. À partir du XIIIe siècle, avec l'apparition des bourgs (villes) et de la bourgeoisie, se développe une **littérature plus populaire**, dite bourgeoise, dans un registre réaliste, le plus souvent d'inspiration satirique.

▶ Littérature courtoise. Littérature (poésie, romans) **destinée à un public de cour** et mettant en avant le sentiment amoureux sublimé (la *fin' amor*). Le roman courtois raconte les exploits qu'un chevalier accomplit pour sa dame.

▶ Merveilleux chrétien. Il consiste à faire intervenir Dieu ou un saint au cours de l'histoire : ainsi, avant de mourir, Roland tend son gant à saint Gabriel.

▶ Mystère. **Drame religieux** joué sur le parvis des églises et racontant des épisodes de la vie du Christ.

LES ARTISTES

▶ Jongleurs. **Artistes ambulants** qui vont de château en château, ou de foire en foire (acteurs ou récitants professionnels, acrobates, montreurs d'animaux…).

▶ Troubadours, trouvères. **Poètes musiciens** du Sud et du Nord de la France, auteurs de chansons d'amour qu'ils chantent en s'accompagnant de la vielle.

Le XVIᵉ siècle : introduction

10

La France connaît au XVIᵉ siècle une période de grande activité intellectuelle, appelée Renaissance.*

1 Caractéristiques générales

▶ La Renaissance est marquée par la rupture déclarée avec le Moyen Âge et le retour à une **culture humaniste***, issue de l'Antiquité et centrée sur l'homme.

▶ La Renaissance est d'abord **italienne.** Elle s'épanouit en France dans la première moitié du siècle. Mais la seconde moitié du siècle est marquée par des conflits sanglants : les **guerres de Religion**, qui opposent les catholiques aux protestants, mettent un terme à cet âge florissant.

2 Du Moyen Âge à la Renaissance

La Renaissance a été préparée par :
– l'invention de l'**imprimerie**, qui favorise la diffusion des idées ;
– les **Grandes Découvertes**, qui remettent en question la vision limitée du monde médiéval : Christophe Colomb découvre l'Amérique, Cortès, le Mexique, Pizarre, le Pérou ; Vasco de Gama ouvre la route maritime des Indes en passant par le cap de Bonne-Espérance, Magellan effectue le premier tour du monde ;
– les **guerres d'Italie** (1494-1559) qui, commencées par Charles VIII et poursuivies par François Iᵉʳ, ont permis de découvrir l'éclat de la Renaissance italienne née un siècle plus tôt (le **Quattrocento**).

3 La Renaissance des lettres et des arts

A Le rôle de François Iᵉʳ (1494-1547)

▶ La Renaissance s'impose en France grâce à **François Iᵉʳ** qui incarne l'esprit nouveau : il admire l'Italie et aime les arts et les lettres. Il est secondé par sa sœur, Marguerite de Navarre, et par l'helléniste Guillaume Budé.

▶ Il fonde en 1530 le Collège des lecteurs royaux (groupe de professeurs chargés d'enseigner le grec, le latin, l'hébreu), actuellement **Collège de France.**

▶ Il protège les écrivains, attire à sa cour des érudits et des artistes étrangers : il ramène d'Italie **Léonard de Vinci**, accueille le sculpteur et orfèvre Benvenuto Cellini et le peintre le Primatice, fait construire les **châteaux de Fontainebleau et de Chambord**.

B La célébration de la personne humaine

La Renaissance célèbre la gloire de la **personne humaine** et marque une **rupture** avec un Moyen Âge tourné vers Dieu. Alors que l'architecture médiévale glorifiait Dieu en bâtissant des cathédrales, les artistes de la Renaissance construisent des **châteaux** propices aux fêtes ; de leur côté, les peintres et sculpteurs (Michel-Ange, Titien, Jean Goujon) exaltent la beauté du corps humain.

C Les guerres de Religion

La Renaissance est mise à l'épreuve par les guerres de Religion. Les conflits entre catholiques et protestants, lesquels souhaitent « réformer » le christianisme (la **Réforme***), conduisent à des affrontements. Les guerres de Religion amènent les écrivains à prendre parti et donnent naissance à une **littérature politique**.

4 *Repères historiques*

A 1515 à 1559 : les débuts et l'épanouissement de la Renaissance

Dates clés	Événements
1541-1547	François Ier, roi de France
1539	Ordonnance de Villers-Cotterêts qui impose le français au lieu du latin pour les actes administratifs et juridiques
1547-1559	Henri II, fils de François Ier, roi de France

B 1560 à 1598 : les guerres de religion

Dates clés	Événements
1560-1574	Charles IX, roi de France ; régence de Catherine de Médicis
1572	Saint-Barthélemy (nuit du 23 au 24 août) : massacre des protestants à Paris
1574-1589	Henri III, roi de France
1589-1610	Henri IV, roi de France. Signature de l'édit de Nantes (1598) qui accorde aux protestants la liberté de culte

La poésie au XVIe siècle : de Clément Marot à Louise Labé

11

? QUIZ p. 31

La poésie du XVIe siècle hérite des formes médiévales, tout en s'engageant dans de nouvelles voies avec Clément Marot et les poètes de l'école lyonnaise (Maurice Scève, Louise Labé).

1 *Clément Marot (1496-1544) : un souffle nouveau*

▶ Au début du siècle, les **Grands rhétoriqueurs** conservent les formes héritées du Moyen Âge mais, à la recherche d'une poésie savante, ils cultivent la virtuosité technique (rimes) et la perfection formelle. Clément Marot s'inscrit dans cette lignée tout en donnant un souffle nouveau à sa poésie.

▶ Né à Cahors, Clément Marot a été formé à l'esprit de la « Grande Rhétorique » par son père Jean Marot. Il entre très tôt au service de Marguerite de Navarre, sœur de François Ier (→ FICHE 13) et devient le **poète officiel de la cour.** Ses sympathies pour la Réforme lui valent d'être plusieurs fois emprisonné.

▶ ***L'Adolescence clémentine*** (1532) est un recueil qui réunit sa production poétique : **rondeaux**, **épîtres*** (lettres en vers envoyées à ses amis, au roi, ou aux dames pour présenter une requête, adresser un remerciement…), **élégies** (épîtres amoureuses et plaintives), **épigrammes.**

> *[Dans cette épître bâtie autour du mot* rime*, le poète, âgé de vingt-deux ans, demande protection à François Ier.]*
> En m'ébattant je fais rondeaux en rime,
> Et en rimant bien souvent je m'enrime.
>
> ■ *L'Adolescence clémentine*
>
> *[L'épigramme est un poème court de huit à dix vers, souvent satirique. Marot en fait un poème amoureux.]*
> Anne par jeu me jeta de la neige,
> Que je cuidais [croyais] froide certainement :
> Mais c'était feu, l'expérience en ai-je,
> Car embrasé je fus soudainement […].
>
> ■ *L'Adolescence clémentine*

L'ESSENTIEL SUR...

LA POÉSIE DE MAROT

- **Une pratique des formes médiévales** (ballades, rondeaux, chansons).
- L'introduction de **formes poétiques nouvelles**, imitées de l'Antiquité (épître, élégie, épigrammes) ou de l'Italie (**sonnet**).
- Une œuvre qui célèbre les principaux événements de la **vie de la cour**, mais laisse aussi une large place à une **poésie personnelle.**

2 La poésie lyonnaise

À Lyon, se constitue un groupe de **poètes humanistes*** autour de Maurice Scève. Ils découvrent **Platon** et sa conception mystique de l'amour, et **Pétrarque** qui leur inspire une poésie précieuse (→ FICHE 17).

A Maurice Scève (1522-1560) : chef de file des poètes lyonnais

▶ Né à Lyon, Scève est pourvu d'une solide culture humaniste. En 1536, il s'éprend de Pernette du Guillet, jeune poétesse lyonnaise qui l'aime aussi, mais que sa famille marie à un homme qu'elle n'aime pas.

▶ ***Délie*** (1544) est un recueil constitué de 449 dizains (poèmes de dix vers) consacrés à Délie, pseudonyme sous lequel se cache Pernette du Guillet. Le poète y exprime sa souffrance et, paradoxalement, le délice de cette souffrance.

> Plus tôt seront Rhône et Saône disjoints,
> Que d'avec toi mon cœur se désassemble [...].
>
> ■ *Délie*, dizain XVII

B Louise Labé (1524-1566) : la poésie amoureuse

▶ Louise Labé reçoit une éducation moderne : elle apprend le latin et l'italien, pratique l'équitation et l'escrime. Dans son salon, se rencontrent tous les beaux esprits du temps. L'expérience d'un amour malheureux, hors mariage, lui inspire ses sonnets.

> INFO **Le surnom de Louise Labé, « la Belle Cordière », vient du fait qu'elle était fille et femme de cordier (fabricant de corde).**

▶ Dans ses ***Élégies*** et ses ***Sonnets*** (1555), l'auteure chante la joie de l'amour, du plaisir érotique, la douleur de l'absence.

> Je vis, je meurs ; je me brûle et me noie.
> J'ai chaud extrême en endurant froidure ;
> La vie m'est trop molle et trop dure.
> J'ai grands ennuis entremêlés de joie.
>
> ■ *Sonnets*, VII

Les poètes de la Pléiade et la poésie engagée

12

QUIZ p. 31

Au milieu du XVIe siècle, les poètes de la Pléiade rompent avec les formes poétiques médiévales au profit des formes antiques et du sonnet*. Dans la seconde moitié du siècle, la France, déchirée par les guerres de Religion, suscite l'engagement des poètes.*

1 Les poètes de la Pléiade

A Du Bellay (1522-1560) : le mal de vivre

Joachim du Bellay mène une enfance triste au château de la Turmelière, non loin de Liré, en Anjou. Sa vie est marquée par un **voyage à Rome**, qui ne lui apportera que d'infinis **« regrets »**.

▶ Dans ***Les Antiquités de Rome*** (1558), le poète médite sur la grandeur passée de la Ville éternelle.

▶ ***Les Regrets*** (1558) forment un recueil de cent quatre-vingt-onze sonnets. Le poète chante la **nostalgie** de son Anjou natal ou bien se livre à une **satire** amère des mœurs corrompues de la société romaine.

L'ESSENTIEL SUR...

L'ŒUVRE DE DU BELLAY

- Une œuvre d'**inspiration personnelle**, lyrique et satirique.
- **Un maître du sonnet**, forme dans laquelle il traduit son émotion en jouant sur les effets de symétrie et d'antithèse, et sur la chute du dernier vers.

> Plus mon Loire gaulois que le Tibre latin,
> Plus mon petit Liré que le mont Palatin,
> Et plus que l'air marin la douceur angevine.
>
> ■ « Heureux qui comme Ulysse... », *Les Regrets*, XXXI

B Ronsard (1524-1585) : le poète des *Amours*

Chef de la Pléiade, puis poète officiel de la cour, Pierre de Ronsard poursuit une brillante carrière, soucieux de laisser à la postérité une œuvre immortelle.

▶ Les ***Odes**** (1550) sont de petits poèmes où il chante la **nature** (son Vendômois natal), la **joie de vivre**, mais aussi la **fuite du temps.**

▶ *Les Amours* (1552-1553) sont des sonnets composés en l'honneur de Cassandre Salviati, où abondent les comparaisons mythologiques et les **figures précieuses.**

▶ La *Continuation des Amours* (1555) et la *Nouvelle Continuation des Amours* (1556) sont des sonnets composés en l'honneur d'une jeune paysanne, Marie Dupin : **poésie plus simple et plus familière,** empreinte de sincérité.

▶ Ronsard vieillissant rencontre Hélène de Surgères, dame d'honneur de Catherine de Médicis. Il lui dédie les *Sonnets pour Hélène* (1578), où se profile le **thème du temps qui passe** et des regrets inutiles.

> Vivez, si m'en croyez, n'attendez à demain :
> Cueillez dès aujourd'hui les roses de la vie.
>
> ■ « Quand vous serez bien vieille... », *Sonnets pour Hélène*

L'ESSENTIEL SUR...

L'ŒUVRE DE RONSARD

- **Un maître du sonnet,** dont il varie les registres et les thèmes.
- Une poésie où l'érudition humaniste* se mêle à une **expression personnelle et sincère.**

2 La poésie engagée : Agrippa d'Aubigné (1552-1630)

▶ Fils d'un ardent calviniste (*cf.* Réforme*), Agrippa d'Aubigné participe activement aux guerres de Religion en s'engageant aux côtés des protestants contre les catholiques.

▶ *Les Tragiques* (1616) offrent un tableau saisissant des désastres qui accablent la France au temps des guerres de Religion.

L'ESSENTIEL SUR...

LES TRAGIQUES

- **Une violente satire** des princes catholiques.
- **Une épopée de la foi protestante,** où foisonnent les images apocalyptiques, les effets macabres et les couleurs éclatantes.
- **Une œuvre de visionnaire,** où la nature et les éléments prennent vie dans un animisme universel : la France devient une mère déchirée par ses deux enfants, l'un catholique, l'autre protestant.

Les genres narratifs : Rabelais, Marguerite de Navarre

13

? QUIZ p. 31

Rabelais et Marguerite de Navarre sont des humanistes lettrés qui se proposent d'amuser et de distraire leur lecteur, tout en l'invitant à la réflexion.*

1 *Rabelais (1494-1553) : l'enthousiasme de la Renaissance*

François Rabelais naît à La Devinière, près de Chinon. Grand érudit, il mène une existence aventureuse de moine, de voyageur et de médecin.

▶ ***Pantagruel*** (1532) et ***Gargantua*** (1534) content les « aventures mirifiques » du géant Gargantua, de son père Grandgousier et de son fils Pantagruel.

▶ ***Le Tiers Livre*** (1546) et ***Le Quart Livre*** (1552) sont consacrés à Panurge, l'ami de Pantagruel. Ne sachant s'il doit ou non se marier, il entreprend un long voyage et interroge les uns et les autres.

▶ ***Le Cinquième Livre*** (1564) conduit Panurge et Pantagruel au terme de leur quête : ils consultent l'oracle de la « Dive Bouteille » qui leur répond : « Trinch » (« Buvez »), laissant peut-être entendre qu'il faut boire à la source de la science.

L'essentiel sur...

L'ŒUVRE DE RABELAIS

- Une œuvre d'une **gaieté** sans mesure.

> Mieux est de ris que de larmes écrire
> Pour ce que rire est le propre de l'homme.
>
> ■ *Gargantua*, Avertissement en vers

- **Une invitation à dégager « la substantifique moelle »**, c'est-à-dire à briser l'os de la bouffonnerie pour atteindre à la substance du livre, profonde et sérieuse.
- **Un programme d'éducation humaniste*** fondé sur un savoir encyclopédique, sur l'instruction religieuse, sur la pratique des armes, ainsi que sur le développement et l'hygiène du corps.

> En somme, que je voie en toi un abîme de science.
>
> ■ *Pantagruel*, chapitre 8 (lettre de Gargantua à Pantagruel)

- **La condamnation de la guerre de conquête**, Rabelais tournant en dérision la folie conquérante de Picrochole, le roi batailleur.

- **Une satire du monde religieux** à travers Frère Jean des Entommeures qui, s'indignant de voir les vignes saccagées par Picrochole, massacre les ennemis avec le bâton de la croix tandis que les autres moines confessent ou achèvent les mourants sans leur porter secours.
- **Un idéal moral** fait de science et de sagesse.

> Science sans conscience n'est que ruine de l'âme.
>
> ■ *Pantagruel*, chapitre 8

- **Une exploitation comique** de la dimension gigantale.

> Il commençait son repas par quelques douzaines de jambons, de langues de bœuf fumées, de boutargues, d'andouilles [...]. Pendant ce temps, quatre de ses gens, l'un après l'autre, lui jetaient dans la bouche, sans interruption, de la moutarde à pleines pelletées.
>
> ■ *Gargantua*, chapitre 21

- **Une verve bouffonne inépuisable**, où la langue, prodigieusement riche, s'épanouit dans un jaillissement d'énumérations et de mots colorés empruntés à tous les registres (médical, juridique, paysan…).

2 *Marguerite de Navarre (1492-1549) : la protectrice des lettres*

▶ Sœur de François Ier, Marguerite de Navarre a contribué à l'épanouissement de la Renaissance en France. Elle est l'une des premières femmes de lettres françaises.

▶ Son œuvre, ***L'Heptaméron*** (1559), est un recueil de **soixante-douze nouvelles.** Des seigneurs et des dames sont bloqués par des pluies torrentielles dans une abbaye des Pyrénées. Pour se distraire, ils se racontent des histoires dont l'**amour** est le thème principal. Chacune d'elles donne lieu à une discussion.

L'essentiel sur…

L'Heptaméron

- **Une œuvre inspirée du *Décaméron***, de l'Italien Boccace (1313-1375), où dix conteurs, les devisants, discutent pendant dix jours.
- **Un récit-cadre** mettant en scène des conteurs dont les histoires forment des **récits enchâssés**.
- **Des thèmes variés** : histoires tragiques, contes de tradition gauloise, histoires d'amour qui donnent lieu à des débats vivants.

Le théâtre au XVIe siècle

14

QUIZ p. 31

Dans l'esprit de la Pléiade*, les auteurs de la Renaissance* rompent avec le théâtre médiéval (mystères* et farces*) pour adopter les formes dramatiques de l'Antiquité (tragédie, comédie). Ce théâtre ouvre la voie au théâtre classique.

1 La tragédie

A Jodelle (1532-1573) : le créateur de la tragédie française

▶ Membre de la Pléiade, Étienne Jodelle fait représenter en 1553, devant le roi Henri II, une tragédie et une comédie.

▶ *Cléopâtre captive* (1553), première tragédie française, met en scène les dernières heures de Cléopâtre, vaincue par Octave. La reine annonce son intention de se suicider plutôt que d'être emmenée captive à Rome.

B Garnier (1544-1590) : un magistrat écrivain

Robert Garnier a composé sept tragédies. *Les Juives* (1583) présentent un tableau pathétique de la destruction de Jérusalem par Nabuchodonosor, roi d'Assyrie.

L'ESSENTIEL SUR...

L'ŒUVRE DE JODELLE ET GARNIER

- **Des tragédies d'inspiration antique ou biblique** et à dimension lyrique (présence d'un **chœur** qui déplore la souffrance des personnages).
- **Deux œuvres qui annoncent le théâtre classique** par leur composition en cinq actes, l'apparition des trois unités, l'utilisation de l'alexandrin.

2 La comédie

▶ L'*Eugène*, de Jodelle (1552), en cinq actes et en vers, reste encore proche de la farce médiévale.

▶ Elle conte des **chassés-croisés amoureux** : pendant que le capitaine Florimond est parti à la guerre, Alix, sa promise, a pris pour amant l'abbé Eugène puis s'est mariée au benêt Guillaume, pour la forme. Le retour du soldat entraîne des complications, d'autant que Hélène, la sœur de l'abbé, est éprise de Florimond…

Les *Essais* de Montaigne

15

QUIZ p. 31

Montaigne inaugure avec les* Essais *une forme originale consacrée à l'expression du moi.

1 *Montaigne (1533-1592) : entre le monde et la retraite*

Michel Eyquem de Montaigne naît au château de Montaigne, dans le Périgord. Magistrat au parlement de Bordeaux, il se lie d'amitié avec **La Boétie** en 1557. La mort de celui-ci, en 1563, le marque à jamais. Il voyage, est élu maire de Bordeaux, puis se retire dans son château pour écrire.

2 *Les Essais : la quête d'une sagesse*

Fruit de vingt années de réflexion, les *Essais* (1re édition en 1580) retracent l'**évolution** de la pensée de Montaigne.

▶ Il commence par adhérer au **stoïcisme** (philosophie qui tend à discipliner les passions et à mépriser la douleur et la mort).

▶ Puis il se tourne vers le **scepticisme** (illustré par le mot célèbre : **« Que sais-je ? »**).

▶ Enfin, il bâtit une **philosophie de la nature**, qui consiste à jouir de la vie en fuyant les excès et à cultiver son moi.

▶ Il faut préparer l'enfant à la vie par l'**éducation**, qui cherchera à **former son jugement** et à **endurcir son corps**.

> [...] plutôt la tête bien faite que bien pleine.
>
> ■ *Essais*, I, 26

L'ESSENTIEL SUR...

LES ESSAIS

- **Une causerie libre et familière**, livrée au gré de la pensée.
- **Une œuvre humaniste** : à travers son moi, Montaigne peint l'homme universel.

> Chaque homme porte la forme entière de l'humaine condition.
>
> ■ *Essais*, III, 2

- **Une réflexion sur la vie** : l'amitié, l'amour, la mort...

> Je l'aimais [...] parce que c'était lui, parce que c'était moi.
>
> ■ *Essais*, I, 28

- Un **style vif et imagé**, de nombreuses références érudites.

Quiz express

Vérifiez que vous avez bien retenu les points importants. fiches 11 à 17

16

Le XVIe siècle

1 Les poètes du XVIe siècle

Qui a dit ?

1. « Cueillez dès aujourd'hui les roses de la vie. »	a. Louise Labé
2. « Je vis, je meurs ; je me brûle et me noie. »	b. Du Bellay
3. « Heureux qui comme Ulysse a fait un beau voyage. »	c. Ronsard

2 Les poètes de la Pléiade

Cochez la bonne réponse.

☐ a. Ils rompent avec la poésie médiévale et se tournent vers les formes antiques.

☐ b. Ils abandonnent les formes antiques au profit des formes médiévales.

3 Les genres narratifs

1. Marguerite de Navarre est l'auteur :

☐ a. de *L'Heptaméron*

☐ b. du *Décaméron*

2. La « substantifique moelle » est :

☐ a. une substance molle

☐ b. une métaphore qui désigne la substance sérieuse de l'œuvre de Rabelais

☐ c. la nourriture préférée de Gargantua

4 L'évolution de la pensée de Montaigne

1. Le stoïcisme	a. consiste à jouir de la vie en fuyant les excès
2. Le scepticisme	b. est illustré par la formule « Que sais-je ? »
3. La philosophie de la nature	c. tend à mépriser la douleur

Corrigés !

Score : ... / 14

1 Les poètes du XVIe siècle

Fiches 11 et 12

1. c. – 2. a. – 3. b.

La citation de Ronsard est extraite des *Sonnets pour Hélène* ; elle célèbre le *carpe diem* du poète latin Horace.

La citation de Louise Labé traduit le désordre amoureux.

La citation de Du Bellay est extraite des *Regrets*. Il s'agit du premier vers, devenu titre, du célèbre sonnet.

2 Les poètes de la Pléiade

Fiches 12 et 17

Réponse a. Les poètes de la Pléiade rompent avec les traditions littéraires du Moyen Âge et développent les grands genres issus de l'Antiquité.

3 Les genres narratifs

Fiche 13

1. Réponse a. L'auteur du *Décaméron* (1530) est Boccace.

2. Réponse b. Dans le Prologue de *Gargantua*, Rabelais invite le lecteur à découvrir, derrière la bouffonnerie, le sens profond de son livre.

4 L'évolution de la pensée de Montaigne

Fiche 15

1. c. – 2. b. – 3. a.

Les *Essais* retracent l'évolution de la pensée de Montaigne, du stoïcisme à une philosophie de la nature.

Récap' express 17

Les mots clés de la littérature du XVIe siècle

LE CONTEXTE HISTORIQUE ET CULTUREL

▶ Humanisme. On donne ce nom à l'élan qui porte les hommes de la Renaissance vers l'**étude des œuvres de l'Antiquité** (le mot latin *humanitas* désignant la culture). Les premiers humanistes sont des érudits : l'helléniste Guillaume Budé (1468-1540), le philosophe Érasme (1469-1536). Bientôt, le terme se charge de significations nouvelles : il souligne la **grandeur de l'homme**, délivré de l'emprise religieuse d'un Moyen Âge entièrement consacré à la gloire de Dieu.

▶ Réforme. Mouvement religieux de **réaction au catholicisme**, qui s'étend au XVIe siècle sur toute l'Europe et donne naissance au **protestantisme** (les protestants étaient appelés « réformés », ou encore « huguenots »). La Réforme est l'œuvre de **Martin Luther** (1483-1546) en Allemagne et de **Jean Calvin** (1509-1564) en France. L'Église exclut de son sein les réformés, en les excommuniant. Un grave **conflit religieux** s'ensuit entre catholiques et protestants, qui dégénère en **guerre civile**.

▶ Renaissance. Vaste mouvement culturel qui caractérise l'Europe des XVe et XVIe siècles et qui se développe en France à partir de l'avènement de François Ier (1515) jusqu'au règne d'Henri IV. Favorisé par l'invention de l'imprimerie et l'influence de la civilisation italienne, il se définit comme une **rupture** avec les idées, les mœurs et les formes littéraires du Moyen Âge et une **« renaissance »** des valeurs esthétiques et morales de l'Antiquité.

LA POÉSIE DE LA RENAISSANCE

▶ Épître. **Lettre en vers** adressée à un personnage important. Ce genre poétique, issu de l'Antiquité latine (*Épîtres* d'Horace), a été pratiqué par **Marot**.

▶ Ode. **Poème lyrique** constitué de strophes symétriques, pratiqué dans l'Antiquité par le Grec Pindare et le Latin Horace, et imité notamment par **Ronsard.**

▶ Pétrarque. Poète italien (1304-1374), auteur du *Canzionere*. Dans ce recueil de 366 poèmes, en grande partie des **sonnets**, Pétrarque chante son amour pour Laure de Noves. Les **figures de rhétorique** sont nombreuses et stéréotypées : l'**hyperbole** pour marquer les qualités rares de la belle ; les **comparaisons** avec les métaux précieux, les astres… ; les **métaphores** de la prison d'amour, de la flèche lancée par les yeux qui blesse le poète ; les **antithèses** du chaud et du froid (la flamme/le glaçon…). L'influence de Pétrarque a été considérable, notamment sur les poètes de **la Pléiade.**

▶ Pléiade (la). Groupe de **sept poètes** réunis autour de Ronsard et de Du Bellay, animés d'un même amour de l'Antiquité et décidés à instaurer une grande poésie de langue française.
En 1549, Du Bellay rédige le manifeste de cette jeune école, ***Défense et Illustration de la langue française***. Les principes en sont les suivants :
– **rompre avec les traditions littéraires du Moyen Âge**, et développer les grands genres issus de l'Antiquité (odes, élégies, épîtres, comédie, tragédie) ou de l'Italie moderne (sonnet) ;
– **enrichir la langue française**, étouffée par la tutelle du latin, et en même temps s'inspirer des grandes œuvres gréco-latines ;
– rendre à la poésie son **caractère sacré** (le poète n'est pas un jongleur mais un être inspiré par la Muse).

▶ Sonnet. Venu de l'italien *sonnetto*, « chansonnette », le sonnet est à l'origine un poème chanté avec accompagnement musical. Le poète italien Pétrarque en fournit le modèle, Marot l'introduit en France, Du Bellay et Ronsard en popularisent la forme.

Poème à forme fixe, le sonnet comporte 14 vers répartis en **deux quatrains et deux tercets.** Les rimes sont disposées en ABBA, ABBA, CCD, EED (ou EDE). Il se termine par une **chute**, le dernier vers offrant un effet de surprise ou une émotion forte.

Le XVIIe siècle : introduction

18

Le XVIIe siècle, appelé aussi le « Grand Siècle » ou le « siècle de Louis XIV », est une époque de mutations qui voit naître le goût classique.

1 Caractéristiques générales

A Le contexte politique

À la fin du XVIe siècle, la France sort déchirée des guerres de Religion et souhaite l'instauration de l'ordre : Henri IV, Louis XIII et son ministre Richelieu s'attachent à renforcer le pouvoir royal, rétabli par Louis XIV qui instaure la **monarchie absolue**. Son règne sera marqué par la construction de l'unité nationale.

B Les courants littéraires

▶ Au début du siècle, les **baroques*** se laissent aller à une esthétique de fantaisie et d'exubérance, héritée de la Renaissance, tandis que s'élabore peu à peu la doctrine **classique*** fondée sur la raison et l'application de règles.

▶ La plupart des auteurs classiques sont animés d'une **intention morale**. **Pascal**, **Bossuet**, **La Bruyère** règlent les principes de la vie morale ; **La Fontaine** et **Molière** se proposent d'instruire les hommes par le biais de la fable et du rire ; le théâtre de **Corneille** prône l'héroïsme, tandis que celui de **Racine** montre les méfaits de la passion.

C Les sciences, les lettres et les arts

▶ La science moderne naît au XVIIe siècle. L'invention du microscope (1665) fait reculer les limites de l'infiniment petit ; **Copernic** et **Galilée** révolutionnent la représentation de l'univers ; **Descartes** fonde la géométrie analytique moderne ; **Pascal** clarifie les concepts de pression et de vide et invente la première machine à calculer.

▶ La magnificence du règne de Louis XIV trouve son expression dans le rayonnement des lettres. Le roi **protège et encourage les écrivains**, tandis que dans les **salons parisiens** et à la cour se rencontrent les beaux esprits et les gens dits « de qualité ». L'idéal caractéristique de cette aristocratie mondaine est celui de l'honnête homme*, poli, aimable, généreux (→ FICHE 29).

▶ Les réalisations architecturales sont grandioses. Claude **Perrault** (1613-1688) édifie la colonnade du Louvre ; Jules **Hardouin-Mansart** (1646-1708), à qui l'on doit l'église Saint-Louis-des-Invalides, dirige après Louis **Le Vau** (1612-1670) les somptueux agrandissements du palais de Versailles dont les jardins sont dessinés par André **Le Nôtre** (1613-1700).

▶ Les génies classiques de la peinture française sont Nicolas **Poussin** (1594-1665), Claude Gelée dit **le Lorrain** (1600-1682), qui se sont formés avant le règne de Louis XIV. En musique, l'Italien Jean-Baptiste **Lully** (1632-1687) mène à bien une carrière triomphale à la cour.

2 Repères historiques

A La fin du règne d'Henri IV (1598-1610)

Dates clés	Événements
1598	Édit de Nantes : Henri IV accorde aux protestants la liberté de culte et met fin aux guerres de Religion. Ministère de Sully
1610	Assassinat d'Henri IV par Ravaillac

B Le règne de Louis XIII (1610-1643)

Dates clés	Événements
1610-1617	Louis XIII succède à son père Henri IV. Régence de Marie de Médicis, mère de Louis XIII
1617-1643	Louis XIII gouverne avec Richelieu, son ministre depuis 1624
1635	Fondation de l'Académie française par Richelieu

C L'avènement et le règne de Louis XIV (1643-1715)

Dates clés	Événements
1643-1661	Régence d'Anne d'Autriche, mère de Louis XIV. Ministère de Mazarin qui réprime la Fronde (insurrection de la noblesse contre le pouvoir royal)
1661	Début du règne de Louis XIV. Ministère de Colbert
1672	Louis XIV s'installe à Versailles
1685	Révocation de l'édit de Nantes

La poésie : du baroque au classicisme

19

QUIZ p. 53

Le courant baroque prédomine jusque vers 1660. Il se manifeste à travers le burlesque* et la préciosité*. Après 1660 s'impose peu à peu l'esthétique classique*.*

1 Malherbe (1555-1628) : vers la rigueur classique

Né à Caen, fils de magistrat, François de Malherbe choisit le métier des armes puis devient poète officiel à la cour d'Henri IV. Ses poèmes sont en partie des **pièces de circonstance**.

▶ *Consolation à M. du Périer* (1598) est un poème d'amitié, destiné à consoler M. du Périer, qui vient de perdre sa fille.

> INFO La consolation est un genre ancien, pratiqué en particulier par le philosophe latin Sénèque (Ier siècle apr. J.-C.), à l'occasion de décès survenus dans son entourage.

> Et rose elle a vécu ce que vivent les roses,
> L'espace d'un matin.
>
> ■ *Consolation à M. du Périer*

▶ Dans la *Prière pour le Roi allant en Limousin* (1605), Malherbe demande à Dieu de protéger le roi Henri IV, qui s'apprête à mener en Limousin une campagne de pacification. Car, malgré la fin des guerres de Religion, la paix est encore fragile.

L'ESSENTIEL SUR...

L'ŒUVRE DE MALHERBE

- **Une œuvre qui traduit le passage** du goût baroque au goût classique.
- Une poésie conçue comme **œuvre de raison** et non de sensibilité ni d'imagination.
- Une volonté d'**épurer la langue** (suppression des mots rares, des termes techniques) et de discipliner la technique poétique.

2 La poésie baroque

A Mathurin Régnier (1573-1613) : la poésie satirique

▶ Chanoine à la cathédrale de Chartres, il n'en est pas moins un bon vivant. Il fréquente à Paris le célèbre cabaret de La Pomme-de-Pin où il rencontre des poètes satiriques.

▶ Ses *Satires* (1608) ridiculisent poètes, courtisans, jeunes gens à la mode… Adversaire de Malherbe, il déploie une imagination vive, une fantaisie plaisante, un talent de caricaturiste.

B Théophile de Viau (1590-1626) : un libertin lyrique

▶ **Libertin** à la vie brève et mouvementée, Théophile de Viau est emprisonné pour avoir écrit des vers impies.

▶ Ses ***Œuvres poétiques*** (1621) sont empreintes d'un lyrisme plaintif : le poète chante la nature, la solitude et l'amour en un **style imagé**.

> Ses yeux jetaient un feu dans l'eau […]
> Et l'eau trouve ce feu si beau
> Qu'elle ne l'oserait éteindre.
>
> ■ *Œuvres poétiques*, IIIe partie, ode II

C Saint-Amant (1594-1661) : un aventurier poète

▶ Grand voyageur, il sillonne les mers ; amateur de bonne chère, il est un pilier de cabaret ; homme de lettres, il cultive la Muse.

▶ Les quatre recueils de ses *Œuvres poétiques* (1629-1649) sont d'inspiration variée : **poète baroque**, Saint-Amant décrit la nature dans sa diversité et son caractère éphémère ; **poète précieux**, il chante l'amour et ses subtilités ; **poète burlesque**, il évoque avec humour les réalités de la vie quotidienne.

D Vincent Voiture (1597-1648) : la poésie précieuse

▶ Né à Amiens, fils d'un riche marchand de vin, Voiture devient « gentilhomme ordinaire » de Gaston d'Orléans, frère de Louis XIII, et fréquente le salon de l'Hôtel de Rambouillet. Il écrit notamment des **petits poèmes galants**.

▶ Ses *Poèmes* (posth. 1649) sont, pour la plupart, des poèmes d'amour, prétextes à des **exercices de style**.

E Paul Scarron (1610-1660) : le maître du burlesque

▶ Scarron entre dans les ordres pour s'assurer des revenus, tout en menant une vie de libertin. Malade et paralysé, en butte à des soucis d'argent, il prend le parti de **rire de ses malheurs**.

▶ Dans ***Le Virgile travesti*** (1648-1652), **parodie burlesque** de l'*Énéide* de Virgile (récit de la fuite d'Énée après la prise de Troie et de son arrivée sur le sol italien), les héros antiques deviennent des bourgeois grotesques.

La poésie classique : La Fontaine, Boileau

20

QUIZ p. 53

La poésie classique s'exprime à travers le genre de la fable, pratiqué par La Fontaine. Elle revêt une dimension didactique et sérieuse avec Boileau.

1 La Fontaine (1621-1695) : le maître de la fable

▶ Né à Château-Thierry, Jean de La Fontaine devient le protégé du surintendant Fouquet, de la duchesse d'Orléans et de Mme de La Sablière.

▶ Les ***Fables*** (douze livres, de 1668 à 1694) visent à **instruire sur un mode plaisant**. Au travers de l'**allégorie animale** (« Je me sers d'animaux pour instruire les hommes », dédicace du livre I au Dauphin), La Fontaine peint la société des hommes et critique les puissants. Mais il délivre aussi un **art de vivre** teinté de sagesse sereine.

L'ESSENTIEL SUR...

L'ŒUVRE DE LA FONTAINE

- **L'art du croquis animalier** (la belette, « dame au nez pointu », VII, 16), associé à un talent de **conteur** (variété des vers, récit bref et rythmé, aux tonalités diverses).
- **Une morale** qui prend la forme d'un conseil ou d'un constat pessimiste sur la vie.

> La raison du plus fort est toujours la meilleure :
>
> ■ *Fables*, I, 10

2 Boileau (1636-1711) : le théoricien du classicisme

Nicolas Boileau renonce à la carrière d'avocat et se tourne vers la littérature. Il se fait bientôt une place à la cour.

▶ ***L'Art poétique*** (1674) est une codification des principes du classicisme, fondés sur des exigences de travail, de rigueur et de clarté.

> Vingt fois sur le métier remettez votre ouvrage :
> Polissez-le sans cesse et le repolissez ;
> Ajoutez quelquefois, et souvent effacez.
>
> ■ *Art poétique*, chant I

▶ Ses douze ***Satires*** (1666-1716), s'attaquent aux travers et aux ridicules de son temps (poètes vaniteux, portraits de femmes…).

Le théâtre au XVIIe siècle

21

QUIZ p. 53

Le XVIIe siècle est l'âge d'or du théâtre : il a la faveur du public et bénéficie de l'appui de Louis XIV, passionné de théâtre et de danse.

1 Les troupes et les théâtres

▶ En France, dès la fin du XVIe siècle, les spectacles de rue se font plus rares : dorénavant, les acteurs jouent **à l'intérieur d'un théâtre**.

▶ À Paris, trois théâtres se partagent la faveur du public : celui de l'**Hôtel de Bourgogne**, celui du **Marais** et celui du **Palais-Royal**, où joue Molière en alternance avec les Comédiens-Italiens (qui perpétuent la formule de la commedia dell'arte).

> INFO **La commedia dell'arte (« théâtre de comédiens professionnels ») est née au XVIe siècle en Italie. Les acteurs, masqués, improvisent à partir d'un canevas et privilégient la gestuelle et le jeu théâtral.**

▶ En 1680, Louis XIV réunit les troupes parisiennes sous l'appellation de **Comédie-Française**.

2 Du théâtre baroque au théâtre classique

A L'outrance baroque

Entre 1598 et 1630, le théâtre, reflétant la démesure de l'esthétique baroque, s'épanouit dans la **tragi-comédie** (nombreuses péripéties, mélange du tragique et du comique, fin heureuse).

B Les règles classiques

▶ Au nom de la raison, les dramaturges classiques rejettent la tragi-comédie et imposent un théâtre régi par des règles précises.

▶ Ces règles, héritées d'Aristote, sont codifiées par Boileau dans son *Art poétique* :

- la **règle des trois unités** (**lieu**, **temps**, **action**) : l'action doit se dérouler dans un seul lieu, ne pas excéder vingt-quatre heures et être centrée sur une seule intrigue ;
- la règle de **vraisemblance** : l'histoire doit être crédible ;
- la règle de **bienséance** : il ne faut pas choquer le public ; les mots crus ou familiers, les scènes violentes sont proscrits ;
- l'**unité de ton** : la comédie doit se distinguer de la tragédie.

Le théâtre de Corneille

22

QUIZ p. 53

Corneille instaure le théâtre de l'héroïsme. Son œuvre, diverse et contrastée, participe à la fois du baroque* (goût du romanesque et des situations extraordinaires) et du classicisme*.

1 *Une vie consacrée au théâtre*

▶ Pierre Corneille (1606-1684), né à Rouen dans une famille de magistrats, abandonne sa carrière d'avocat pour se consacrer au théâtre.

▶ Il écrit d'abord des **comédies** dont la plus célèbre est *L'Illusion comique*, mais c'est avec une **tragi-comédie** (→ FICHE 21), *Le Cid*, qu'il connaît la gloire. Il s'oriente ensuite vers la **tragédie**.

2 De L'Illusion comique *(1636) au* Cid

A *L'Illusion comique* (1636)

Pridamant est à la recherche de son fils Clindor, qui a fui le domaine paternel depuis dix ans. Il est conduit dans une grotte enchantée par un mage qui lui annonce que des images animées vont représenter des épisodes de la vie de son fils. Les péripéties s'enchaînent jusqu'à l'assassinat de Clindor. Alors, devant Pridamant horrifié, le rideau se lève : on voit Clindor, devenu comédien, compter l'argent de la recette avec ses compagnons.

B *Le Cid* (1637) : naissance du héros cornélien

▶ Le héros, Rodrigue (le Cid), se trouve face à un **dilemme** : doit-il tuer le père de sa fiancée, Chimène, qui a giflé et humilié son père, don Diègue ? Après avoir délibéré avec lui-même, il choisit de **venger l'honneur** de son père car ce n'est qu'en accomplissant son devoir qu'il sera **digne** de l'amour de Chimène.

> Faut-il laisser un affront impuni ?
> Faut-il punir le père de Chimène ?
> ■ *Le Cid*, I, 6

▶ La pièce connaît un immense succès, mais donne lieu à une vive controverse : on reproche à Corneille de ne **pas avoir respecté les règles**, qui sont en train de s'imposer (→ FICHE 21).

3 Les grandes tragédies

Corneille a écrit dix-sept tragédies, parmi lesquelles des **tragédies politiques** à sujet romain et une **tragédie religieuse**, aux héros rigoureux et passionnés.

▶ ***Horace*** (1640) : Rome et Albe sont en guerre, et décident de désigner chacune trois champions qui livreront un combat singulier pour éviter un bain de sang : à Rome, les trois Horaces ; à Albe, les trois Curiaces. Mais l'un des Horaces a épousé Sabine, la sœur des Curiaces, et l'un des Curiaces est fiancé à Camille, la sœur des Horaces. Horace, l'époux de Sabine, gagne le combat : il tue les Curiaces ; Camille maudit Rome, Horace la tue.

> Rome, l'unique objet de mon ressentiment !
> Rome, à qui vient ton bras d'immoler mon amant !
> Rome qui t'a vu naître, et que ton cœur adore !
> Rome enfin que je hais parce qu'elle t'honore !
>
> ■ *Horace*, I, 5

▶ ***Cinna*** (1641) : l'empereur romain Auguste se montre héroïque en accordant son pardon à Cinna qui a ourdi une conjuration contre lui.

> Je suis maître de moi comme de l'univers ;
>
> ■ *Cinna*, V, 3

▶ ***Polyeucte*** (1642) : l'action se déroule en Arménie, sous l'Empire romain, à l'époque de la persécution des chrétiens. Polyeucte, noble arménien, s'est converti au christianisme ; il renonce à l'amour de sa femme, Pauline, qui le conjure d'abjurer sa foi. Il meurt en martyr, tandis que Pauline se convertit.

L'ESSENTIEL SUR...

L'ŒUVRE DE CORNEILLE

- Des personnages face à de cruels **dilemmes** (**situation cornélienne**), qui leur imposent de choisir entre l'amour et le devoir, valeurs **opposées et inconciliables.**
- **Des héros capables de maîtriser** leurs impulsions par l'exercice de la volonté.
- **Une haute conception de l'amour** qui, chez Corneille, est fondé sur l'estime réciproque et repose sur l'honneur.
- **Des pièces à dimension politique** où les affaires d'État tiennent une grande place.
- **Un style vif**, des alexandrins réguliers qui ont pris valeur de proverbes (« À vaincre sans péril, on triomphe sans gloire », *Le Cid*, II, 2).

Le théâtre de Racine

23

QUIZ p. 53

Racine, supplantant peu à peu son rival Corneille dans la faveur du public, devient le maître de la tragédie classique : l'action tragique est réduite à une crise passionnelle qui débouche en général sur la mort.

1 *Racine (1639-1699) : l'influence janséniste*

▶ Orphelin très jeune, Jean Racine est élevé au couvent de Port-Royal, foyer du **jansénisme** (→ FICHE 26). Cette éducation influence sa conception du monde : l'homme n'est pas maître de son existence, il doit subir le sort qui lui a été assigné par Dieu.

▶ Racine se rend ensuite à Paris où il mène une vie mondaine et devient un dramaturge réputé, se brouillant avec ses maîtres de Port-Royal. Il retournera à la religion à la fin de sa vie.

2 *Les tragédies raciniennes*

Les tragédies de Racine s'inspirent presque toutes de l'Antiquité, grecque et romaine ; deux autres évoquent l'Orient, et les deux dernières s'appuient sur des épisodes de la Bible. Mais toutes appartiennent au même univers tragique où les hommes, jouets et victimes de leurs passions, s'affrontent jusqu'à la mort.

A Les tragédies grecques

▶ ***Andromaque*** (1667) : après la chute de Troie, Andromaque, veuve du prince troyen Hector, et son fils Astyanax sont retenus en captivité à la cour du roi Pyrrhus. Or, les Grecs réclament la tête d'Astyanax de peur qu'un jour il ne venge son père. Pyrrhus, amoureux d'Andromaque, refuse de sacrifier l'enfant. En échange, il presse Andromaque de l'épouser. Elle doit choisir entre son amour maternel et sa fidélité à Hector.

▶ ***Iphigénie*** (1674) : Agamemnon, chef de l'expédition grecque contre Troie, doit sacrifier sa fille Iphigénie pour obtenir des dieux le retour des vents qui lui permettront de faire voile vers la cité troyenne.

▶ ***Phèdre*** (1677) : Phèdre, l'épouse de Thésée, égarée par une passion coupable pour son beau-fils Hippolyte, le livre par jalousie à la vengeance injuste de son père.

> Je le vis, je rougis, je pâlis à sa vue ;
> Un trouble s'éleva dans mon âme éperdue ;
> Mes yeux ne voyaient plus, je ne pouvais parler ;
> Je sentis tout mon corps et transir et brûler.
>
> ■ *Phèdre*, I, 3

B Les tragédies romaines

▶ ***Britannicus*** (1669) : l'empereur romain Néron, épris de la princesse Junie, fait empoisonner son rival et demi-frère, Britannicus.

▶ ***Bérénice*** (1670) : l'empereur romain Titus et la reine de Palestine Bérénice renoncent à leur amour pour obéir à la raison d'État.

> Que le jour recommence ou que le jour finisse,
> Sans que jamais Titus puisse voir Bérénice,
> Sans que de tout le jour je puisse voir Titus ?
>
> ■ *Bérénice*, IV, 5

C Les tragédies orientales

▶ ***Bajazet*** (1672) : à Constantinople, en 1635, la sultane Roxane fait périr par jalousie le frère du sultan, Bajazet, épris de la princesse Atalide.

▶ ***Mithridate*** (1673) : Mithridate, roi du Pont (région d'Asie Mineure), se résigne, avant de mourir, à céder Monime, sa favorite, à son fils.

D Les tragédies bibliques

▶ ***Esther*** (1689) : Esther, d'origine juive, intervient auprès de son mari Assuérus, roi de Perse, pour sauver les juifs du massacre ordonné par le favori du roi.

▶ ***Athalie*** (1691) : à Jérusalem, au VIIIe siècle av. J.-C., une révolution met fin au règne de l'usurpatrice Athalie et rétablit le roi légitime, Joas.

L'ESSENTIEL SUR...

LE THÉÂTRE DE RACINE

- **Un théâtre de la fatalité** : le héros racinien, **déterminé par le destin**, n'a pas la maîtrise de son existence, contrairement au héros cornélien, être de volonté qui croit à sa liberté.
- **Un théâtre de la passion amoureuse** : **violente et destructrice**, elle paralyse la volonté et aveugle la raison.
- **Un théâtre respectueux des règles** de la dramaturgie classique, qui deviennent l'instrument de l'enfermement tragique.
- **Un théâtre poétique** : l'univers tragique est éclairé par une mélodie du langage qui le transfigure et génère de l'émotion.

Les comédies de Molière

24

QUIZ p. 53

Molière a créé la grande comédie de caractère et de mœurs : il s'attache à peindre dans leur complexité des personnages enfermés dans leurs manies, en même temps qu'il brosse un tableau de la société de son temps.

1 Molière (1622-1673) : une vie pour le théâtre

▶ Né à Paris, Jean-Baptiste Poquelin s'engage très vite dans la carrière théâtrale. Avec Madeleine Béjart, il fonde l'Illustre-Théâtre, et prend le nom de Molière. Mais la troupe fait faillite. À la tête d'une troupe itinérante, Molière parcourt alors la province pendant treize ans ; il écrit ses premières farces.

▶ De retour à Paris, Molière joue devant le roi qui lui accorde sa protection. Il épouse Armande Béjart, sa cadette de vingt ans, connaît quelques déboires conjugaux et meurt après la quatrième représentation du *Malade imaginaire*.

2 L'œuvre d'un génie comique

A Les premiers succès

▶ *Les Précieuses ridicules* (1659) : deux précieuses*, Magdelon et Cathos, sont séduites par les beaux discours de deux pseudo-marquis, Mascarille et Jodelet, qui sont en réalité des valets…

▶ *L'École des femmes* (1662) : pour éviter les infortunes conjugales, Arnolphe choisit d'épouser sa jeune pupille Agnès, qu'il a fait élever dans l'ignorance des choses de la vie. Mais survient le jeune Horace…

B Les grandes comédies

▶ *Tartuffe* (1re version en 1664) : Tartuffe, un faux dévot, s'est introduit chez le bourgeois Orgon avec l'intention de s'emparer de ses biens. Il cherche aussi à séduire sa femme, Elmire.

▶ *Dom Juan* (1665) : athée, libertin, séducteur effréné, Dom Juan est un révolté qui défie toutes les lois humaines et divines.

> Je me sens un cœur à aimer toute la terre ; et comme Alexandre, je souhaiterais qu'il y eût d'autres mondes, pour y pouvoir étendre mes conquêtes amoureuses.
>
> ■ *Dom Juan*, I, 1

▶ *Le Misanthrope* (1666) : Alceste, le misanthrope, fuit l'hypocrisie et les mondanités mais il tombe amoureux d'une coquette, Célimène.

C Le retour à la farce et les divertisssements royaux

▶ *L'Avare* (1668) : Harpagon, père avare et égoïste, veut marier ses enfants, Cléante et Élise, contre leur gré.

▶ *Le Bourgeois gentilhomme* (comédie-ballet, 1670) : monsieur Jourdain, marchand enrichi, se rend ridicule par ses prétentions nobiliaires.

> INFO **Liée à la vie de cour, la comédie-ballet, créée par Molière, est un spectacle total qui mêle étroitement la comédie, la musique et la danse.**

> Quoi ? quand je dis : « Nicole, apportez-moi mes pantoufles, et me donnez mon bonnet de nuit », c'est de la prose ? [...] Par ma foi ! il y a plus de quarante ans que je dis de la prose sans que j'en susse rien...
>
> ■ *Le Bourgeois gentilhomme*, II, 4

▶ *Les Fourberies de Scapin* (1671) : pour favoriser les amours d'Octave et de Léandre, Scapin, valet malicieux, extorque de l'argent à leurs pères respectifs, Argante et Géronte.

> Mais que diable allait-il faire dans cette galère ?
>
> ■ *Les Fourberies de Scapin*, II, 7

▶ *Les Femmes savantes* (1672) : Philaminte, Armande et Bélise sont imbues de leur savoir et désorganisent la vie de leur famille.

▶ *Le Malade imaginaire* (comédie-ballet, 1673) : Argan, qui se croit malade, veut marier sa fille Angélique à un vieux médecin, au mépris des sentiments qu'elle éprouve pour Cléante.

L'ESSENTIEL SUR...

LES COMÉDIES DE MOLIÈRE

- Une utilisation de toutes les ressources du comique, le rire étant pour Molière un moyen de « **corriger les vices des hommes** ».
- **La dénonciation** des caractères excessifs au profit d'un idéal du **juste milieu**, fondé sur le bon sens et la raison.
- **Une seule règle : plaire** (« Je voudrais bien savoir si la grande règle de toutes les règles n'est pas de plaire », *Critique de l'École des femmes*, 1663, scène 6).

Le roman au XVIIe siècle

25

QUIZ p. 53

L'outrance baroque se déploie largement dans le roman, qu'il soit précieux* ou burlesque*. Mme de La Fayette renouvelle le genre en inaugurant le roman psychologique, de facture classique.*

1 Le roman baroque et le courant précieux

Le roman précieux explore les nuances et les raffinements de la galanterie et de l'amour.

A Honoré d'Urfé (1567-1625) : le maître du roman pastoral

▶ Après une enfance champêtre et paisible, il tombe amoureux de sa belle-sœur, Diane de Châteaumorand. Fervent catholique, il s'engage aux côtés des ligueurs. En 1600, il peut épouser celle qu'il aime et entreprend l'écriture de *L'Astrée*, roman de cinq mille pages.

▶ *L'Astrée* (1607-1628) est le récit des amours du berger Céladon et de la bergère Astrée, issus de familles ennemies.

L'ESSENTIEL SUR...

L'ASTRÉE

- **Une structure romanesque complexe**, riche en intrigues secondaires.
- **Une peinture subtile de l'amour** (passion naissante, amour non partagé, jalousie…).
- Une conception de l'amour qui repose sur **le mérite et les valeurs morales.**

B Madeleine de Scudéry (1607-1701) : une précieuse illustre

Orpheline, elle est recueillie par son oncle qui lui donne une éducation approfondie. Militante féministe avant l'heure, elle tient un salon littéraire à Paris qui devient le haut lieu de la préciosité. Deux romans, de dix volumes chacun, contribuent à sa célébrité.

▶ *Artamène ou le Grand Cyrus* (1649-1653) : Cyrus est amoureux de la belle Mandane qui lui est plusieurs fois enlevée, d'où des poursuites et des combats incessants pour la retrouver. Sous des noms empruntés à la Perse antique (Ve siècle av. J.-C.), défilent tous les grands personnages des salons de la société précieuse.

▶ *Clélie* (1654-1660) : à Rome, en 509 av. J.-C., Clélie, une jeune Romaine, et Arone, fils du roi étrusque Tarquin, sont épris l'un de l'autre. Mais les obstacles sont nombreux… Dans le premier tome du roman figure la fameuse **carte de Tendre** : celle-ci reproduit l'itinéraire symbolique suivi par l'Amant, qui doit éviter le lac d'Indifférence pour gagner le village de Tendresse ou de Sincérité.

2 Le roman baroque et le courant burlesque

▶ Au roman précieux qui offre une vision idéalisée du monde, s'oppose le roman burlesque, d'inspiration réaliste et populaire, représenté par **Paul Scarron**, poète (→ FICHE 19) mais aussi romancier.

▶ *Le Roman comique* (1651-1657) raconte l'histoire de deux personnages qui, persécutés dans leur amour, s'engagent dans une troupe de comédiens sous les noms de Destin et d'Étoile.

L'ESSENTIEL SUR…

LE ROMAN COMIQUE

- La **vie** et les aventures d'une troupe de comédiens ambulants.
- Une galerie de **personnages pittoresques**.
- Un roman où se mêlent **réalisme et bouffonnerie**.

3 Le roman psychologique

▶ **Madame de La Fayette** (1634-1693), épouse du comte de La Fayette, mène une vie mondaine dans les salons parisiens, tout en se livrant à son activité de romancière. Après la mort de son mari, elle se réfugie dans la solitude.

▶ Dans *La Princesse de Clèves* (1678), Mlle de Chartres, épouse du prince de Clèves, tombe éperdument amoureuse du duc de Nemours qui lui aussi s'éprend d'elle. Elle résiste à sa passion par devoir.

L'ESSENTIEL SUR…

LA PRINCESSE DE CLÈVES

- **Un roman se déroulant dans un cadre historique** et proposant une peinture de la vie de cour à la fin du règne d'Henri II (XVIe siècle).
- **Des éléments issus de la tradition précieuse** (intrigues secondaires, psychologie amoureuse subtile), **mais une facture classique** (sobriété de l'écriture, finesse de l'analyse de la passion, apparition de nouvelles valeurs : refus du compromis, sens du devoir).

Pensée philosophique et littérature religieuse au XVIIe siècle

26

QUIZ p. 53

La philosophie rationaliste et la spiritualité chrétienne inspirent la création littéraire dans la première partie du siècle. La fin du siècle voit naître une littérature plus engagée, annonçant les Lumières.

1 *Les philosophes et les scientifiques*

A Descartes (1596-1650) : le triomphe de la raison

▶ Mathématicien, physicien et philosophe, René Descartes partage sa vie entre les voyages, l'étude et l'écriture.

▶ Dans le ***Discours de la méthode*** (1637), il fait de la pensée le principe de l'existence. Seule la raison permet à l'homme de parvenir à la vérité et de conclure à l'existence de Dieu.

> *Cogito, ergo sum* (« Je pense, donc je suis »).
>
> ■ *Discours de la méthode*, IVe partie

B Pascal (1623-1662) : un « effrayant génie »

Génie précoce, savant mathématicien et physicien, Blaise Pascal se convertit au jansénisme et se retire dans l'abbaye de Port-Royal.

▶ Dans les dix-huit lettres des ***Provinciales*** (1656-1657), Pascal défend la théologie janséniste et dénonce la morale relâchée des jésuites.

> INFO Les jansénistes croient que Dieu *prédestine* l'homme au salut ou à la damnation, indépendamment de ses actes. Les jésuites pensent au contraire que le salut de l'homme dépend de ses actes et de ses mérites ; il en découle une morale qui tend à minimiser les fautes.

▶ Dans les ***Pensées*** (1669-1670), sous forme de fragments, Pascal fait une **apologie de la religion chrétienne**, destinée à toucher les libertins (qui ne croient qu'à ce qui peut être démontré) et les sceptiques (qui mettent tout en doute).

• Selon Pascal, l'homme est un être misérable, perdu entre **l'infiniment grand et l'infiniment petit**.

> – Car enfin, qu'est-ce que l'homme dans la nature ?
> Un néant à l'égard de l'infini, un tout à l'égard du néant, un milieu entre rien et tout.
>
> ■ *Pensées*, 72

• Dans sa quête de la vérité, l'homme est égaré par des « **puissances trompeuses** », telles que l'imagination et les apparences. Mais **l'homme pense**, il est conscient de sa faiblesse : c'est ce qui fait sa grandeur.

> L'homme est un roseau, le plus faible de la nature ; mais c'est un roseau pensant.
>
> ■ *Pensées*, 347

• **Le cœur** est aussi important que **la raison** pour saisir les connaissances : le cœur sent, la raison démontre.

> Le cœur a ses raisons que la raison ne connaît pas.
>
> ■ *Pensées*, 680

• Pour convaincre les incroyants, Pascal recourt à l'**argument du pari**. En misant sur l'existence de Dieu, l'homme n'a rien à perdre, mais tout à gagner (c'est-à-dire la vie éternelle).

2 La littérature religieuse et la littérature d'idées

Les prédicateurs usent de l'art oratoire pour conduire à la foi les courtisans et les mondains, tandis que naît une littérature plus engagée qui met en cause l'ordre politique.

A Bossuet (1627-1704) : l'éloquence religieuse

Évêque de Meaux, Jacques-Bénigne Bossuet est aussi précepteur du Dauphin, fils de Louis XIV.

▶ Dans le ***Sermon sur la mort*** (1662), il souligne la vanité des choses de ce monde, exhortant à privilégier l'âme et la vie spirituelle, puisque le corps est périssable.

▶ Dans ses ***Oraisons funèbres***, douze éloges funèbres prononcés entre 1656 et 1687, il frappe les imaginations par la clarté de son éloquence et par la puissance des images.

B Fénelon (1651-1715) : un éducateur engagé

▶ Homme d'Église, François de La Mothe-Fénelon est nommé précepteur du duc de Bourgogne, petit-fils de Louis XIV. C'est à son intention qu'il écrit le roman des *Aventures de Télémaque*.

▶ ***Les Aventures de Télémaque*** (1699) : Télémaque part à la recherche de son père Ulysse, en compagnie de Mentor qui l'instruit sur le monde. Véritable **traité d'éducation morale et politique**, le livre condamne l'absolutisme de Louis XIV et sa politique belliqueuse ; il propose une leçon de tolérance et de paix.

Moralistes et témoins du Grand Siècle

27

? QUIZ p. 53

Le développement des salons favorise la vie sociale et encourage la réflexion et les débats. Certains genres émergent (maximes, mémoires, lettres) et fournissent des témoignages précieux sur la société du XVIIe siècle.

1 La Rochefoucauld (1613-1680) : le maître de la maxime

▶ Issu de la haute noblesse, déçu par la monarchie, François, duc de La Rochefoucauld, s'engage dans la Fronde, du côté des rebelles.

▶ Les *Maximes* (1664) sont le constat d'un **moraliste** lucide et **pessimiste**. L'auteur y dénonce l'empire de l'**amour-propre** sur l'homme : on n'agit, en bien comme en mal, que pour assurer sa survie, faire triompher son intérêt.

> INFO Un moraliste est un auteur qui propose une réflexion critique sur les mœurs et la nature humaine. La Rochefoucauld et La Bruyère sont des moralistes.

> INFO Une maxime est une formule brève et frappante qui exprime une vérité générale, d'ordre psychologique ou moral.

> Nous aurions souvent honte de nos plus belles actions si le monde voyait tous les motifs qui les produisent.
>
> ■ Maxime 409

2 Le cardinal de Retz (1613-1679) : un esprit indépendant

▶ Il embrasse par ambition la carrière ecclésiastique et se lance dans d'innombrables intrigues politiques. Adversaire de Mazarin, il tente de jouer les conciliateurs entre le pouvoir royal et les frondeurs mais échoue. Mazarin le fait emprisonner. Il s'évade et obtient le pardon de Louis XIV.

▶ Dans ses *Mémoires* (posth. 1717), l'auteur retrace sa jeunesse agitée, raconte les événements dont il a été témoin et acteur. Portraitiste féroce, il se dépeint lui-même avec une franchise cynique.

3 La Bruyère (1645-1696) : la satire sociale

▶ Précepteur du duc de Bourbon (petit-fils du Grand Condé), il fréquente et observe la cour et les grands.

▶ *Les Caractères* (1688) sont une suite de réflexions et de portraits satiriques (Ménalque, le distrait ; Giton, le riche ; Phédon, le pauvre…). La Bruyère critique la société contemporaine (système politique, puissance de l'argent…) et analyse la psychologie humaine. Le ton est varié, les formules incisives et brillantes.

> Giton a le teint frais, le visage plein et les joues pendantes, l'œil fixe et assuré, les épaules larges, l'estomac haut […]. Phédon a les yeux creux, le teint échauffé, le corps sec et le visage maigre […].
>
> ■ *Les Caractères*, VI, 83

4 *Madame de Sévigné (1626-1696) : une plume alerte*

▶ Veuve à vingt-cinq ans, cette jeune femme brillante et séduisante se consacre à l'éducation de ses deux enfants. Sa fille épouse le comte de Grignan et va vivre en Provence.

▶ Les *Lettres* sont nées de la séparation d'avec sa fille. On compte mille quatre cents lettres environ, en grande partie envoyées à Mme de Grignan (de 1671 à 1696, deux lettres par semaine), les autres à des destinataires variés.

L'ESSENTIEL SUR…

LES LETTRES DE Mme DE SÉVIGNÉ

- Des lettres qui s'adressent autant à un destinataire précis qu'à un cercle de connaissances : lues à haute voix et commentées dans les réunions mondaines, elles constituent une véritable **chronique de la vie du temps.**
- **Des lettres abordant les sujets les plus divers** : tendresse passionnée pour sa fille, mais aussi relation des événements historiques (procès de Fouquet, mort de Turenne…), artistiques, des potins de la cour…
- **Un style pittoresque et brillant**, jouant de l'humour et des effets de surprise.

> Je m'en vais vous mander la chose la plus étonnante, la plus surprenante, la plus merveilleuse, la plus miraculeuse, la plus triomphante, la plus étourdissante, la plus inouïe, la plus singulière, la plus extraordinaire, la plus incroyable […] : M. de Lauzun épouse dimanche au Louvre, devinez qui ? […]
>
> ■ Lettre du 1er décembre 1670

Quiz express 28

Vérifiez que vous avez bien retenu les points importants.

fiches 18 à 29

Le XVIIe siècle

1 Les mouvements et les registres au XVIIe siècle

Associez chaque mouvement ou registre à sa définition.

1. Le baroque • • a. obéit à des règles strictes
2. Le classicisme • • b. s'appuie sur des effets de décalage
3. Le burlesque • • c. explore les subtilisés de l'amour, en un langage châtié
4. La préciosité • • d. privilégie le mouvement

2 La fable et le théâtre au XVIIe siècle

Complétez par : La Fontaine, Corneille, Racine, Molière.

a. .... cherche à corriger les vices des hommes par le rire.
b. Le théâtre de .... est un théâtre de l'héroïsme.
c. .... se sert d'animaux pour instruire les hommes.
d. Le théâtre de .... est un théâtre de la passion amoureuse.

3 Les philosophes et les scientifiques au XVIIe siècle

Complétez les citations.

a. Je .... donc je suis. (Descartes)
b. L'homme est un roseau, le plus faible de la nature ; mais c'est un roseau .... (Pascal)

4 Moralistes et témoins du Grand Siècle

	Vrai	Faux
1. Une maxime exprime une vérité générale en une longue phrase.	☐	☐
2. *Les Caractères* de La Bruyère sont une suite de réflexions et de portraits satiriques.	☐	☐
3. Les *Lettres* de madame de Sévigné ne sont lues que par sa fille.	☐	☐

Corrigés !

Score : ... / 14

1 *Les mouvements et les registres au XVIIe siècle*

Fiches 19 à 21, 25, 29

1. **d.** – 2. **a.** – 3. **b.** – 4. **c.**

Le mouvement baroque précède le classicisme ; le burlesque et la préciosité sont des registres qui relèvent du baroque.

2 *La fable et le théâtre au XVIIe siècle*

Fiches 20-24

a. Molière cherche à corriger les vices des hommes par le rire.
b. Le théâtre de Corneille est un théâtre de l'héroïsme.
c. La Fontaine se sert d'animaux pour instruire les hommes.
d. Le théâtre de Racine est un théâtre de la passion amoureuse.

3 *Les philosophes et les scientifiques au XVIIe siècle*

Fiche 26

a. « Je pense donc je suis. » Descartes fait de la pensée le principe même de l'existence.
b. « L'homme est un roseau, le plus faible de la nature ; mais c'est un roseau pensant. » Pour Pascal, ce qui fait la grandeur de l'homme, c'est qu'il pense.

4 *Moralistes et témoins du Grand Siècle*

Fiche 27

1. **Faux.** La maxime est une formule brève et frappante. Un des maîtres de la maxime est La Rochefoucauld.
2. **Vrai.** Les portraits sont la partie la plus populaire du livre (ex. : Ménalque, le distrait) qui comporte aussi une série d'observations sur les hommes et sur les travers contemporains.
3. **Faux.** Nombre de ses *Lettres* sont lues dans les salons littéraires et les cercles restreints, qui sont ainsi au courant de la vie de la capitale et de la cour.

Récap' express 29

Les mots clés de la littérature du XVIIe siècle

LE BAROQUE, LA PRÉCIOSITÉ, LE BURLESQUE (1560-1660)

A Le baroque

▶ **Mouvement artistique** qui se développe en Europe durant la période 1560-1660 et s'étend à tous les domaines (architecture, peinture, sculpture).

▶ À l'origine, le mot a un sens péjoratif (« baroque » qualifie une perle irrégulière), désignant un **art très orné**, voire **surchargé**, où se donnent libre cours la fantaisie et l'imagination.

▶ Plus tard, le terme désigne un **style original** où prédominent les équilibres instables, les lignes courbes, les trompe-l'œil et l'illusion. En **littérature**, le baroque privilégie le mélange des genres, les situations romanesques, les images brillantes et recherchées.

▶ Le baroque répond à une certaine conception de l'homme et du monde, considérés comme étant soumis à un **mouvement perpétuel** : tout se modifie, tout se transforme, tout change ; l'homme dispose d'une large liberté et peut prétendre agir sur ce monde. Conception qui **s'oppose à l'idéal classique**, selon lequel l'univers est immuable et achevé.

▶ Le baroque se manifeste aussi bien dans l'écriture **burlesque** que dans la manière **précieuse**.

B La préciosité

▶ Elle se développe dans les **hôtels aristocratiques** (tel que l'hôtel de Rambouillet) et les salons mondains.

▶ Elle procède d'un désir de **s'élever au-dessus du vulgaire** et se traduit par une **recherche affectée** de la distinction dans les **manières** (le costume s'orne de plumes et de dentelles), dans les **sentiments** (l'amour précieux, né de l'estime, ne peut unir que des âmes nobles), et dans le **langage** (langue châtiée, usage abondant de la périphrase).

C Le burlesque

▶ D'inspiration baroque, le burlesque désigne un **mode d'écriture** en vogue à l'époque de la régence d'Anne d'Autriche et de la Fronde (1643-1660).

▶ Le burlesque cultive l'**art de la discordance** et joue sur les **effets d'opposition**, en faisant parler un personnage sérieux ou héroïque dans un style bas ou vulgaire.

UNE PHILOSOPHIE : LE CARTÉSIANISME (1596-1650)

Le cartésianisme fait référence à la méthode et à la doctrine de **Descartes** pour qui **la raison** est la faculté infaillible, seule capable de conduire à la vérité.

UNE ESTHÉTIQUE : LE CLASSICISME (1660-1685)

▶ Le classicisme est un courant littéraire qui prône, à l'exemple des auteurs grecs et latins, un **idéal d'équilibre, d'ordre et de mesure**. Il s'oppose au baroque et au romantisme.

▶ Le classicisme obéit à des **règles strictes fondées sur la raison** (règle des unités au théâtre), faculté maîtresse qui permet d'éviter toute faute contre le bon goût et de contrôler les débordements de l'imagination ou de la sensibilité. L'écrivain classique doit respecter la **vraisemblance** et demeurer **impersonnel** : il s'attache à l'étude de l'homme en général, car il croit en une nature humaine indépendante des lieux et des temps. Il s'exprime en une langue pure, sobre et élégante.

▶ Cette esthétique correspond à une certaine conception du monde et de l'homme : celui-ci évolue dans un **univers immuable et achevé** et demeure soumis à la fatalité et aux lois inéluctables qui pèsent sur lui.

UN TYPE SOCIAL : L'HONNÊTE HOMME

L'honnête homme correspond à un idéal humain dont le plus grand souci est de **plaire**. Il doit réunir toutes les qualités qui assurent le succès à la cour et dans les salons : culture générale mais sans pédanterie, délicatesse de goût, sûreté du jugement, galanterie, modestie…

Le XVIIIe siècle : introduction

30

Le XVIIIe siècle, couramment appelé « siècle des Lumières », est un siècle de progrès marqué par l'éveil de l'esprit philosophique. Dans sa seconde moitié émerge un courant de sensibilité qui annonce le romantisme.

1 Caractéristiques générales

Les Lumières* désignent un mouvement intellectuel européen qui se développe au XVIIIe siècle sous l'impulsion des philosophes. Ces derniers favorisent l'éveil de l'esprit critique* et travaillent à répandre les idées de liberté et de tolérance*.

A L'éveil philosophique

▶ Plusieurs facteurs ont contribué à l'émergence des Lumières.

- **Les progrès scientifiques** : ils remettent en cause les certitudes. Aux explications théologiques d'un univers créé par Dieu, on oppose des théories scientifiques.
- **Les voyages lointains** : ils révèlent aux Européens que leur culture et leur religion s'inscrivent dans une prodigieuse diversité de croyances et de mœurs. De là naît l'idée d'une vérité relative* et non universelle.
- **L'influence de l'Angleterre** : foyer de libéralisme et de libre-pensée, elle a été un modèle pour les philosophes.

▶ L'opinion se forme, non plus à la cour, qui perd de son influence, mais dans les **salons mondains**, les cafés à la mode ou les clubs. On y échange des idées, on y discute de l'actualité politique et littéraire.

B L'émergence de la sensibilité

▶ Au cours du siècle, le public français commence à se lasser des analyses philosophiques ; il accueille avec faveur les œuvres qui mettent en avant les émotions et la sensibilité : **drame bourgeois, roman sentimental, poésie lyrique**…

▶ En architecture, le **style rococo** déploie ses courbes et son ornementation chargée. La peinture privilégie les sujets galants, traités par Watteau (1684-1721), Boucher (1703-1770), Fragonard (1732-1806). Le **style bourgeois** et le **souci du réalisme** se retrouvent chez les peintres Chardin (1699-1779) et Greuze (1725-1805), tandis qu'à la fin du siècle se développe un **style néoclassique** avec les tableaux de David (1748-1825).

2 *Repères historiques*

A 1685-1715 : la fin du règne du Roi-Soleil

À la fin du règne de Louis XIV, la France, affaiblie par les guerres, perd de sa prépondérance en Europe ; l'économie se sclérose, les problèmes de religion réapparaissent avec la révocation de l'édit de Nantes (1685).

B 1715-1774 : la Régence et le règne de Louis XV

► À la mort de Louis XIV en 1715, Louis XV est trop jeune pour régner : Philippe d'Orléans, son neveu, assure la Régence de 1715 à 1723. À l'absolutisme rigoureux succède une **période de liberté et de joie de vivre** favorisée par la personnalité du Régent.

► Après 1723, Louis XV gouverne seul, mais **sans politique définie.** Son autorité s'affaiblit ; il tombe sous l'emprise de ses maîtresses, dont la plus célèbre est la marquise de Pompadour.

C 1774-1800 : le règne de Louis XVI et la Révolution

► Le règne de Louis XVI (1774-1792) est marqué par un manque de fermeté qui le contraint à céder à l'opinion publique, et ce, dans un **climat économique et politique qui se dégrade** constamment.

► Le roi assiste, impuissant, à **la Révolution** qu'il ne comprend pas.

Dates clés	Événements
14 juillet 1789	Prise de la Bastille par le peuple parisien
26 août 1789	Vote de la Déclaration des droits de l'homme et du citoyen
21 sept. 1792	Proclamation de la République
1792-1794	La Terreur
21 janvier 1793	Exécution de Louis XVI
18 brumaire 1799	Coup d'État d'un général de l'armée républicaine, Napoléon Bonaparte

La philosophie des Lumières

31

QUIZ p. 75

Au nom de la raison, les philosophes des Lumières* mènent un combat pour de nouvelles valeurs, préparant ainsi la Révolution de 1789. Ils diffusent leurs idées dans l'*Encyclopédie**.

1 *L'esprit des Lumières*

La philosophie des Lumières se caractérise par :

- la **suprématie de la raison* critique** qui s'appuie sur des faits et remet en cause les préjugés* et les certitudes dans tous les domaines (science, morale, politique, religion) ;
- la **foi dans le progrès** des sciences qui permet d'expliquer le monde de façon rationnelle ;
- la volonté d'instaurer de **nouvelles valeurs** : liberté, égalité, justice (dénonciation de la guerre, de l'esclavage, du racisme, du fanatisme* religieux).

2 *L'Encyclopédie : un ouvrage monumental*

A Une somme de connaissances

▶ L'*Encyclopédie ou Dictionnaire raisonné des sciences, des arts et des métiers* (1751-1772) est une œuvre collective visant à rassembler et à vulgariser **toutes les connaissances humaines**.

▶ **Diderot** (→ FICHE 36) et **d'Alembert** animent le projet. Ils réunissent une équipe de collaborateurs ; Diderot rédige plus de mille articles ; d'Alembert rédige la partie mathématique et scientifique.

B Un ouvrage au service des Lumières

▶ En 1759, le Parlement de Paris condamne l'*Encyclopédie* pour subversion. En effet, loin de n'être qu'une accumulation de connaissances, elle est **destinée à diffuser les Lumières**.

> Il faut tout examiner, tout remuer sans exception et sans ménagement.
>
> ■ *Encyclopédie*, article « Encyclopédie »

▶ L'*Encyclopédie* **a contribué à l'émergence de l'esprit révolutionnaire** en combattant toute forme d'intolérance et d'injustice.

Les précurseurs : Bayle et Fontenelle

32

? QUIZ p. 75

À la fin du XVIIe siècle, Bayle et Fontenelle entendent vulgariser les découvertes scientifiques et lutter contre la croyance au surnaturel. Ils ouvrent la voie au rationalisme et à l'esprit philosophique.

1 *Bayle (1647-1706) : la méthode critique*

Fils de pasteur, Pierre Bayle se convertit au catholicisme puis revient à la foi protestante, ce qui l'oblige à s'exiler en Hollande où il se consacre à la rédaction de différents ouvrages.

▶ Dans les *Pensées diverses sur la comète de 1680* (1682), Bayle montre que les météores ne sont pas des signes de la Providence mais des phénomènes naturels.

▶ Dans le *Dictionnaire historique et critique* (1696-1697), grâce à sa méthode fondée sur la raison, il dénonce les idées fausses contenues dans les dictionnaires antérieurs. Cet ouvrage exercera une grande influence sur Voltaire (→ FICHE 34) et les encyclopédistes.

2 *Fontenelle (1657-1757) : la méthode scientifique*

Né à Rouen, à la fois scientifique et littéraire, Bernard de Fontenelle est élu à l'Académie française (1691) et à l'Académie des sciences (1697). Dans ses œuvres, il invite à observer et à raisonner.

▶ *Entretiens sur la pluralité des mondes* (1686) : le philosophe donne à une marquise une explication rationnelle des phénomènes célestes. Dans cette leçon de relativité*, Fontenelle inaugure le dialogue philosophique dont useront les philosophes des Lumières (→ FICHE 36).

▶ L'*Histoire des oracles* (1687) dénonce les superstitions et la croyance aux miracles.

> Assurons-nous bien du fait, avant que de nous inquiéter de la cause [...], nous éviterons le ridicule d'avoir trouvé la cause de ce qui n'est point.
>
> ■ « La dent d'or », *Histoire des oracles*, IV

Montesquieu

33

QUIZ p. 75

Montesquieu met à profit son expérience de magistrat, de voyageur et de lettré dans son analyse des institutions juridiques et sociales.

1 Montesquieu (1689-1755), un magistrat philosophe

▶ Né au château de La Brède, près de Bordeaux, Charles-Louis de Secondat, baron de Montesquieu, exerce d'abord la fonction de magistrat, puis entreprend un **tour de l'Europe**.

▶ Curieux de tout, il accumule des notes de voyage et des réflexions qui nourriront son œuvre. Il partage ensuite son temps **entre la vie mondaine parisienne et son château où il écrit**.

2 Sa première œuvre : un roman épistolaire

▶ Avec les ***Lettres persanes*** (1721), Montesquieu lance la vogue du roman épistolaire (roman par lettres) en France. Rousseau et Laclos (→ FICHES 35 ET 37) utiliseront également ce genre.

▶ **Deux Persans**, Rica et Usbek, **séjournent en France**. De Paris ils envoient leurs impressions à leurs compatriotes qui, à leur tour, leur donnent des nouvelles de la Perse et du sérail où leur absence engendre rébellion et drames.

INFO Les *Lettres persanes* sont publiées à Amsterdam anonymement, mais le succès éclatant du roman conduit Montesquieu à en assumer la paternité.

> Ce roi est un grand magicien : il exerce son empire sur l'esprit même de ses sujets ; il les fait penser comme il veut.
>
> ■ *Lettres persanes*, lettre XXIV

L'ESSENTIEL SUR...

LES LETTRES PERSANES

- **L'utilisation du regard étranger** comme révélateur des travers de la société française de l'époque.
- **Un recours constant à l'ironie** qui permet de faire une satire mordante des mœurs et des institutions politiques et religieuses.
- **Une réflexion** sur le caractère relatif des jugements préconçus.

3 *L'élaboration d'une philosophie politique*

Montesquieu soumet les lois (celles de la nature et celles des hommes) à une étude scientifique, et prend place parmi les fondateurs de la philosophie politique moderne.

▶ Dans ***Considérations sur les causes de la grandeur des Romains et de leur décadence*** (1734), Montesquieu institue le déterminisme historique en s'efforçant de montrer que les événements de l'histoire de Rome ne sont pas dus au hasard mais à une série de causes et d'effets.

▶ Œuvre majeure de Montesquieu, ***De l'esprit des Lois*** (31 livres, 1748) propose une réflexion sur :

- la **nature des lois** : les lois d'un pays dépendent de nombreux facteurs (géographie, climat, religion, type de gouvernement…) ;
- les **différents types de gouvernement** : le gouvernement républicain (où le pouvoir est entre les mains du peuple), fondé sur la vertu ; le gouvernement monarchique, fondé sur l'honneur ; le gouvernement despotique, fondé sur la crainte ;
- le **principe de la séparation des pouvoirs** qui garantit la liberté : pouvoir législatif (qui fait les lois), pouvoir exécutif (qui les fait appliquer), pouvoir judiciaire. Montesquieu fait l'éloge de la Constitution anglaise fondée sur ce principe ;
- l'**esclavage** « aussi opposé au droit civil qu'au droit naturel » (livre XV, chap. 2), ainsi que l'intolérance et les **persécutions religieuses**.

> INFO **Montesquieu vise l'Inquisition, tribunal ecclésiastique qui, en Espagne et au Portugal, condamnait les hérétiques au supplice.**

> « Vous nous faites mourir, nous qui ne croyons pas ce que vous croyez. »
>
> ■ *De l'esprit des lois*, livre XXV, chapitre 13

L'ESSENTIEL SUR…

DE L'ESPRIT DES LOIS

- **Un idéal politique qui a inspiré les législateurs de la Révolution** : éloge de la monarchie tempérée ; séparation des pouvoirs ; amour de la liberté, respect des lois, condamnation de l'esclavage, de la torture, de l'intolérance.
- **Un point de vue déterministe** (les lois sont explicables par un enchaînement de causes et d'effets) **mais non fataliste** : en modifiant les causes, on peut modifier les effets (le rôle des lois est de corriger le déterminisme).

Voltaire

34

QUIZ p. 75

Voltaire mène durant toute sa vie une lutte acharnée contre l'intolérance, le fanatisme* religieux et l'injustice. Son œuvre est riche et variée ; son style, clair et vigoureux. Son arme favorite est l'ironie.

1 *Voltaire (1694-1778), une vie mouvementée*

▶ François-Marie Arouet, **jeune homme brillant et frondeur**, se lance très tôt dans la littérature et prend le nom de Voltaire. Ses poèmes contre le Régent et sa liberté de parole lui valent la prison puis l'exil en Angleterre.

▶ Il trouve ensuite refuge à Cirey (Champagne), chez **Mme du Châtelet**. À la mort de celle-ci, il se rend à Berlin, invité par le roi **Frédéric II**. Déçu par le monarque et poursuivi en France par ses adversaires, dont Rousseau (→ FICHE 35), il se retire à **Ferney**, près de la frontière suisse.

2 *Les contes philosophiques*

Voltaire est l'inventeur du conte philosophique* qui, sous le couvert de la fantaisie narrative, lui permet d'exprimer ses idées.

▶ ***Zadig ou la Destinée*** (1748) : le jeune Zadig subit les caprices de la destinée : un jour adulé, le lendemain vilipendé. La croyance en la bonté de la Providence est fortement battue en brèche.

▶ ***Micromégas*** (1752) : le géant Micromégas, venu de Sirius, se rend sur la Terre en compagnie d'un habitant de Saturne. Il donne à la « petite race humaine » une leçon de sagesse et de relativisme*.

▶ ***Candide ou l'Optimisme*** (1759) : chassé du château du baron de Thunder-ten-Tronckh pour avoir voulu embrasser sa fille Cunégonde, Candide, nourri aux leçons d'optimisme de Pangloss, est lancé dans le monde et confronté à la réalité du mal. Après de multiples aventures, il s'installe dans une « petite métairie » avec Cunégonde et ses amis pour cultiver son jardin.

L'ESSENTIEL SUR...

CANDIDE

- **Une violente attaque contre la philosophie optimiste** de Leibniz (1646-1716) et de Wolff (1679-1754).

• **Une leçon d'espoir** délivrant un art de vivre et vantant les bienfaits du travail, de l'amitié et des plaisirs simples, symbolisés par la dernière phrase du conte : « Il faut cultiver notre jardin. »

▶ ***L'Ingénu*** (1767) : un jeune Huron, ignorant des coutumes françaises, débarque à Saint-Malo et s'étonne des incongruités et des mesquineries qu'il découvre.

> *[L'Ingénu doit demander l'autorisation du pape pour épouser sa marraine de baptême.]*
> Je quitterais Mlle de Saint-Yves pour aller demander la permission de l'aimer à un homme qui demeure [...] à quatre cents lieues d'ici, et dont je n'entends point la langue ! Cela est d'un ridicule incompréhensible.
> ■ *L'Ingénu*, chapitre 6

L'ESSENTIEL SUR...

LES CONTES DE VOLTAIRE

• Un recours fréquent au **thème du voyage**, au procédé du dépaysement et du **regard étranger**.
• **La question du bonheur** : est-il possible dans un monde habité par le mal et la sottise des hommes ?
• **Un recours constant à l'ironie** : l'art de Voltaire consiste à feindre d'adopter le point de vue de l'adversaire de façon à en faire ressortir l'incohérence et à y apporter un démenti formel.
• **Un rythme étourdissant**, une langue pure, une écriture alerte.

3 Les autres œuvres philosophiques

À côté des contes, Voltaire mène son combat philosophique à travers les formes les plus variées : articles de dictionnaire, lettres, poèmes, traités…

▶ Les ***Lettres philosophiques*** (1734) font l'éloge du libéralisme anglais et critiquent implicitement les institutions françaises.

▶ Le ***Poème sur le désastre de Lisbonne*** (1756) évoque le tremblement de terre qui détruit la ville et pose le problème de l'existence du mal.

▶ Le ***Traité sur la tolérance*** (1763) est un brillant plaidoyer en faveur du protestant Jean Calas, victime du fanatisme* religieux.

▶ Le ***Dictionnaire philosophique*** (1764) propose une suite d'articles donnant lieu à une réflexion philosophique.

Diderot

36

QUIZ p. 75

Diderot, auteur d'une œuvre foisonnante et variée, est l'un des chefs de file des Lumières. Son nom est associé à l'*Encyclopédie**.*

1 Une activité débordante

▶ Né à Langres, Denis Diderot (1713-1784) fait de brillantes études. Il mène à Paris une vie de bohème, exerçant divers métiers. Curieux de tout, il se lie avec les philosophes, et commence à écrire.

▶ Il est chargé, avec d'Alembert, de diriger l'*Encyclopédie*. En même temps, il poursuit son œuvre personnelle.

2 Les écrits philosophiques et esthétiques

▶ *Lettre sur les aveugles à l'usage de ceux qui voient* (1749) : un aveugle ne pouvant voir, Diderot en conclut qu'un Dieu créateur d'un univers si imparfait ne peut exister ; le monde est donc issu de la matière et du hasard.

▶ Dans *Le Rêve de d'Alembert* (écrit en 1769, publié en 1831), Diderot présente l'homme comme un agrégat de molécules au sein d'un univers matériel sans cesse en mouvement. La pensée n'est qu'un jeu de forces matérielles.

INFO La *Lettre sur les aveugles*, par son parti pris athéiste, vaudra à Diderot d'être emprisonné au fort de Vincennes.

L'ESSENTIEL SUR...

L'ŒUVRE PHILOSOPHIQUE DE DIDEROT

- **Une philosophie matérialiste** et **évolutionniste** selon laquelle la matière se transforme.
- **Une distinction entre la matière inerte** (minéraux), la matière **sensible** (plantes, animaux), la matière **pensante** (l'homme).

▶ Dans le *Supplément au Voyage de Bougainville* (1772), Diderot **dénonce la colonisation européenne** et fait l'éloge des Tahitiens qui vivent selon les lois de la nature.

▶ Dans le *Paradoxe sur le comédien* (1773), Diderot soutient que l'acteur ne doit pas éprouver d'émotions dans son jeu.

▶ Les *Salons* (1759-1781) sont des comptes rendus critiques des expositions de peinture qui se tiennent au Louvre, publiés sous forme de lettres dans la revue *Correspondance littéraire*.

3 Le dramaturge et le romancier

▶ *Le Fils naturel* (1757), *Le Père de famille* (1758) sont deux drames bourgeois (→ FICHE 39).

▶ *La Religieuse* (1760) est une dénonciation de la vie conventuelle. La narratrice, Suzanne, une jeune religieuse mise au couvent par sa famille raconte les brimades qu'elle y subit.

▶ *Le Neveu de Rameau* (1762-1774) met en scène le dialogue entre Jean-François Rameau (Lui), le neveu du musicien, bohème original qui vit en parasite auprès des riches qu'il méprise, et le narrateur philosophe (Moi). Tous les sujets, moraux, esthétiques, sociaux, sont abordés.

> Il pourrait arriver que vous appelassiez vice ce que j'appelle vertu et vertu ce que j'appelle vice.
>
> ■ *Le Neveu de Rameau*

L'ESSENTIEL SUR...

LE NEVEU DE RAMEAU

- Un auteur animé de sympathie pour son personnage qui, à certains égards, lui ressemble, mais dont il réprouve le **cynisme**.
- **Un dialogue philosophique**, où Diderot fait entendre les contradictions qui l'habitent, avec une verve étourdissante.

▶ *Jacques le Fataliste et son maître* (1778) est un autre roman dialogué. Au cours d'un voyage à cheval, Jacques raconte ses aventures amoureuses à son maître. Mais il est sans cesse interrompu par des anecdotes et des considérations philosophiques qui prennent le dessus sur son récit.

L'ESSENTIEL SUR...

JACQUES LE FATALISTE ET SON MAÎTRE

- **Un roman picaresque** où prolifèrent les personnages et les récits secondaires.
- **Un antiroman** qui se joue de l'illusion romanesque en recourant à des interpellations au lecteur.
- Un texte sous-tendu par une **question philosophique** : l'homme est-il libre ou bien sa destinée est-elle écrite sur « le grand rouleau » ?

Le roman au XVIIIe siècle

37

? QUIZ p. 75

Au XVIIIe siècle, le roman se renouvelle peu à peu. Une plus grande place est accordée à l'analyse psychologique et à la peinture des mœurs.

1 *Le roman picaresque : Lesage*

D'origine espagnole, le roman picaresque raconte les aventures d'un *picaro*, jeune marginal fripon, rusé et ambitieux.

▶ Alain-René Lesage (1668-1747), avocat désargenté, écrit pour vivre des pièces de théâtre (→ FICHE 38) et des romans.

▶ Dans *Gil Blas de Santillane* (1715-1735), Gil Blas, devenu vieux, raconte comment il a fait fortune après de multiples aventures.

2 *Le roman psychologique : Marivaux*

Le roman psychologique analyse la complexité du cœur humain.

▶ Marivaux (1688-1763), journaliste et écrivain, est l'auteur de comédies (→ FICHE 38) et de romans.

▶ Dans *La Vie de Marianne* (1731-1741), la narratrice montre les épreuves qu'une orpheline doit affronter pour obtenir du monde la reconnaissance de ses mérites.

3 *Le roman sentimental : l'abbé Prévost*

Le roman sentimental subit l'influence du romancier anglais Richardson, auteur de *Clarisse Harlowe* (1748), traduit par Prévost.

▶ Antoine-François Prévost (1697-1763) mène une vie aventureuse, partagée entre la vocation religieuse et les passions amoureuses.

▶ Dans *L'Histoire du chevalier des Grieux et de Manon Lescaut* (1731), le chevalier des Grieux se prend d'une folle passion pour Manon, jeune fille amorale, avide de richesse et de plaisirs.

L'ESSENTIEL SUR...

MANON LESCAUT

- **Une analyse du caractère fatal de la passion** et de ses ravages.
- **Un tableau réaliste** des mœurs sous la Régence.

4 Le roman exotique : Bernardin de Saint-Pierre

Le roman exotique se déroule dans des pays lointains, où la nature et le pittoresque sont très présents.

▶ Jacques-Henri Bernardin de Saint-Pierre (1737-1814) se lie d'amitié avec Rousseau avec qui il partage l'amour de la nature.

▶ ***Paul et Virginie*** (1788), histoire de deux jeunes gens élevés ensemble à l'île de France (île Maurice), est une parabole sur les méfaits de la civilisation et, à l'inverse, le bonheur de la vie naturelle.

5 Le roman libertin : Laclos et Sade

Le roman libertin* met en scène des personnages cyniques, experts dans le jeu de la séduction.

A Choderlos de Laclos (1741-1803) : un profond cynisme

▶ Militaire de carrière, Laclos écrit pour se distraire de la vie de garnison.

▶ Dans ***Les Liaisons dangereuses*** (1782), roman épistolaire, deux libertins machiavéliques, le vicomte de Valmont et la marquise de Merteuil, se jouent avec intelligence et cruauté de personnages naïfs.

> Adieu, mon Ange, je t'ai prise avec plaisir, je te quitte sans regret : je te reviendrai peut-être. Ainsi va le monde. Ce n'est pas ma faute.
>
> ■ *Les Liaisons dangereuses*, lettre CXLI

B Sade (1740-1814) : un romancier à scandale

▶ Aristocrate, libertin et athée, il passe une partie de sa vie en prison en raison de ses écarts de conduite.

▶ Dans ***La Nouvelle Justine ou les Malheurs de la vertu, suivie de Juliette ou les Prospérités du vice*** (1797), deux jeunes sœurs se livrent à la prostitution. L'une assume sa condition et s'enrichit ; l'autre ne peut se détacher de la morale et tombe dans la misère.

L'ESSENTIEL SUR...

L'ŒUVRE DE SADE

Une œuvre subversive, où dominent l'érotisme et la cruauté.

La comédie au XVIIIe siècle

38

? QUIZ p. 75

Le public du XVIIIe siècle manifeste un vif engouement pour le théâtre. La tragédie décline rapidement, tandis que la comédie se renouvelle avec Marivaux et Beaumarchais. Les deux genres fusionnent pour donner naissance au drame (→ FICHE 39).

1 *Lesage (1668-1747) : la comédie de mœurs*

▶ Alain-René Lesage porte pour la première fois à la scène un personnage de financier parvenu et sans scrupules. La cabale des gens de finance contre sa pièce l'empêche de dépasser la septième représentation.

▶ *Turcaret ou le Financier* (1709) : Turcaret, ancien laquais devenu un riche et vaniteux fermier général (financier chargé sous l'Ancien Régime de percevoir les impôts), est exploité et dupé par plus fripons que lui. La satire est violente, la verve mordante.

2 *Marivaux (1688-1763) : la comédie psychologique*

Marivaux a écrit trente-six comédies, jouées pour la plupart à la Comédie-Italienne. Appréciant la fantaisie du jeu des Comédiens-Italiens et leur art de la pantomime, il devient l'auteur attitré de la troupe. Aussi nombre de ses pièces ont-elles pour protagonistes les personnages types de ce théâtre : Silvia, Lélio, Arlequin.

▶ *La Double Inconstance* (1723) : Silvia et Arlequin sont fiancés, mais Silvia est séduite par le Prince, tandis qu'Arlequin tombe amoureux de Flaminia, la confidente du Prince. Ils s'avouent leur inconstance et épousent chacun le nouvel élu de leur cœur.

▶ *Le Jeu de l'amour et du hasard* (1730) : Dorante et Silvia, que l'on destine l'un à l'autre, ont tous deux, pour mieux se connaître, la même idée folle : prendre chacun la place de son domestique…

▶ *Les Fausses Confidences* (1737) : le valet Arlequin, par d'ingénieuses confidences, révèle à la jeune Araminte l'amour timide que lui porte son maître Dorante.

L'ESSENTIEL SUR...

L'ŒUVRE DE MARIVAUX

- **Une analyse subtile de l'amour naissant** chez des jeunes gens qui craignent de ne pas être aimés pour eux-mêmes ou qui ne veulent pas s'avouer qu'ils s'aiment.
- **Une expression élégante et spirituelle,** qui traduit la subtilité de l'analyse et les nuances délicates du sentiment amoureux : ce que l'on appelle le **marivaudage***.
- **Une interrogation sur le préjugé social** qui interdit l'union entre personnes de conditions différentes.

3 Beaumarchais (1732-1799) : la comédie d'intrigue

Parisien, fils d'horloger, Pierre-Augustin Caron de Beaumarchais mène une vie d'aventurier, fertile en intrigues et en procès.

► ***Le Barbier de Séville*** (1775) : le comte Almaviva, secondé par son valet Figaro, réussit à épouser la jeune Rosine sévèrement gardée par un tuteur jaloux.

INFO Ses deux pièces principales se heurtent à la censure ; il doit attendre plusieurs années avant de pouvoir les faire représenter.

► ***Le Mariage de Figaro ou la Folle Journée*** (1784) : le comte Almaviva, époux volage, courtise la charmante Suzanne, fiancée de Figaro. Un duel s'engage entre le maître et le valet, qui en sort vainqueur.

> Parce que vous êtes un grand seigneur, vous vous croyez un grand génie !... Noblesse, fortune, un rang, des places ; tout cela rend si fier ! Qu'avez-vous fait pour tant de biens ? Vous vous êtes donné la peine de naître, et rien de plus.
>
> ■ *Le Mariage de Figaro*, V, 3

L'ESSENTIEL SUR...

L'ŒUVRE DE BEAUMARCHAIS

- **Un retour à la comédie d'intrigue** : conduite par un Figaro plein de verve, l'action repose sur une succession de **ruses** et de **rebondissements.**
- **Une âpre satire sociale** : au travers du Comte, c'est toute la noblesse qui est visée par des traits mordants.
- **Une satire politique,** avec de vives attaques contre les institutions (justice, censure...) où se reflète l'**état d'esprit prérévolutionnaire.**

> Sans la liberté de blâmer, il n'est point d'éloge flatteur.
>
> ■ *Le Mariage de Figaro*, V, 3

Le drame au XVIIIe siècle

39

? QUIZ p. 75

Pour satisfaire au nouveau goût du public porté par le courant de sensibilité qui marque la seconde moitié du XVIIIe siècle, Diderot (→ FICHE 36) crée le drame bourgeois, genre théâtral à mi-chemin entre la tragédie et la comédie.

1 Les caractéristiques du drame bourgeois

▶ Construit autour d'une intrigue simple, le drame bourgeois peint non plus des caractères, comme la comédie, ou des passions, comme la tragédie, mais des « **conditions** », c'est-à-dire des professions (commerçant, juge, avocat…), et des **relations familiales** (père, époux, sœur, frère).

▶ Le drame bourgeois porte à la scène des **situations conflictuelles** que l'on trouve dans la vie courante (personnages aux prises avec des problèmes familiaux ou professionnels) et dans lesquelles le spectateur peut se reconnaître.

▶ Le drame bourgeois se veut **pathétique**, attendrissant, **moralisateur** : il se termine par le triomphe de la vertu.

2 L'œuvre dramatique de Diderot

Diderot est l'auteur de deux drames bourgeois.

▶ ***Le Fils naturel*** (1757) : pour respecter les devoirs qu'impose l'amitié, Dorval renonce avec douleur à Rosalie, la fiancée de son ami Clairville. Bien lui en prend, car il découvre qu'il est le frère naturel de Rosalie.

▶ ***Le Père de famille*** (1758) : M. d'Orbesson s'oppose au mariage de ses deux enfants, l'un et l'autre épris de personnes de condition sociale inférieure : son fils Saint-Albin est amoureux d'une orpheline démunie ; sa fille Cécile aime un jeune homme sans fortune. M. d'Orbesson finit par céder et bénit leur union.

L'ESSENTIEL SUR…

L'ŒUVRE DRAMATIQUE DE DIDEROT

- Deux pièces qui illustrent les idées de Diderot sur le théâtre.
- Un théâtre excessivement **moralisateur** qui, privé de sa fonction de divertissement, a été un échec mais a ouvert la voie au théâtre moderne.

La poésie au XVIIIe siècle

40

? QUIZ p. 75

L'esprit philosophique et le culte de la raison créent un climat peu propice à la poésie. Seul André Chénier (1762-1794) témoigne d'une véritable inspiration poétique.

1 Une vie bouleversée

▶ Né à Constantinople, André Chénier termine ses études à Paris. Passionné de **culture grecque**, sa vocation poétique s'éveille très tôt.

▶ Il accueille la Révolution avec enthousiasme mais s'oppose aux excès des Jacobins. Il est emprisonné puis guillotiné. Ses œuvres ne seront publiées qu'en 1819.

2 L'œuvre poétique d'André Chénier

La poésie de Chénier, lyrique et engagée, annonce le romantisme.

▶ Dans les ***Élégies*** (1781-1787), sur le mode lyrique, le poète chante ses amours, ses regrets, sa mélancolie.

▶ Les ***Bucoliques*** (1785-1787) sont de courts poèmes inspirés de la poésie gréco-latine. Le poète se livre à une méditation sur les grands thèmes du lyrisme : la vie, la mort, le temps qui passe…

> Elle est au sein des flots, la jeune Tarentine.
> Son beau corps a roulé sous la vague marine.
>
> ■ « La jeune Tarentine », *Bucoliques*

▶ Dans ***L'Invention*** (1788), André Chénier expose son ambition d'allier modernité et classicisme :

> Sur des pensers nouveaux faisons des vers antiques.

▶ Dans le pamphlet des ***Iambes*** (1794), André Chénier pousse un cri de révolte contre la Terreur.

> INFO Chénier fait passer à son père les manuscrits des *Iambes* composés en prison, en les cachant dans des paquets de linge.

> Au pied de l'échafaud j'essaye encore ma lyre.
> Peut-être est-ce bientôt mon tour.
>
> ■ *Iambes*

? Quiz express

Vérifiez que vous avez bien retenu les points importants. fiches 30 à 42

41

Le XVIIIe siècle

1 L'appellation du XVIIIe siècle

Cochez la bonne réponse.

Le XVIIIe siècle est appelé :

☐ a. le siècle des Lumières
☐ b. le siècle de la Lumière
☐ c. le siècle des Illuminés

2 Les genres littéraires au XVIIIe siècle

Associez chaque œuvre à son genre.

1. *Candide* •	• a. roman épistolaire
2. *Les Confessions* •	• b. autobiographie
3. *Le Mariage de Figaro* •	• c. conte philosophique
4. *Émile* •	• d. comédie
5. *Les Lettres persanes* •	• e. traité pédagogique

3 Qui a dit ?

« Sans la liberté de blâmer, il n'est point d'éloge flatteur. »

☐ a. Voltaire
☐ b. Beaumarchais
☐ c. Montesquieu

4 Les idées philosophiques

	Vrai	Faux
1. Rousseau dénonce les méfaits de la civilisation.	☐	☐
2. Voltaire fait l'éloge de l'optimisme.	☐	☐
3. Pour Diderot, un comédien doit être sensible.	☐	☐
4. Montesquieu prône la séparation des pouvoirs.	☐	☐

5 Le roman, le théâtre

Complétez avec : *Le Jeu de l'amour et du hasard*, Choderlos de Laclos, *Le Barbier de Séville*, *Manon Lescaut*.

a. .... est un roman de l'abbé Prévost. b. .... est l'auteur des *Liaisons dangereuses*. c. .... est une comédie de Beaumarchais ; .... est une comédie de Marivaux.

Corrigés !

Score : ... / 14

1 *L'appellation du XVIIIe siècle*

Fiches 30-31

Réponse a. Les Lumières, métaphore des connaissances acquises par les sciences et inventions techniques en plein essor, s'opposent à l'illumination divine : c'est la raison qui éclaire les hommes.

2 *Les genres littéraires au XVIIIe siècle*

Fiches 33-35, 38

1. **c.** – 2. **b.** – 3. **d.** – 4. **e.** – 5. **a.**

3 *Qui a dit ?*

Fiche 38

Réponse b. La phrase, extraite du *Mariage de Figaro*, est une dénonciation de la censure.

4 *Les idées philosophiques*

Fiches 33-36

1. **Vrai.** Rousseau pense que l'homme naturel est à la fois meilleur et plus heureux que l'homme civilisé. Il s'inscrit dans le mythe du « bon sauvage ».

2. **Faux.** Au contraire, dans *Candide*, Voltaire dénonce la philosophie optimiste de Leibnitz (1646-1716) et de Wolf (1679-1754), incarnée par Pangloss.

3. **Faux.** Diderot pense au contraire que le comédien n'émeut le spectateur qu'en restant insensible aux passions qu'il feint d'éprouver sur scène.

4. **Vrai.** Montesquieu pense que la séparation des pouvoirs (législatif, exécutif, judiciaire) garantit la liberté.

5 *Le roman, le théâtre*

Fiches 37-38

a. *Manon Lescaut* est un roman de l'abbé Prévost. **b.** Choderlos de Laclos est l'auteur des *Liaisons dangereuses*. **c.** *Le Barbier de Séville* est une comédie de Beaumarchais ; *Le Jeu de l'amour et du hasard* est une comédie de Marivaux.

Récap' express 42

Les mots clés de la littérature du XVIIIe siècle

LE COMBAT DES PHILOSOPHES

▶ *Encyclopédie ou Dictionnaire raisonné des sciences, des arts et des métiers* (1751-1772). Ouvrage de vulgarisation scientifique et philosophique consignant la somme des connaissances du XVIIIe siècle, avec dix-sept tomes de textes et onze tomes de planches. Diderot en assure la direction. Il regroupe autour de lui les principaux philosophes, Montesquieu, Voltaire, Rousseau, d'Alembert.

▶ Esprit critique. Attitude d'esprit consistant à ne pas admettre d'emblée l'opinion d'autrui et à faire usage de sa raison.

▶ Fanatisme. Le fanatisme est la disposition d'esprit de ceux qui, en matière religieuse, politique ou philosophique, **ne tolèrent d'autres convictions que les leurs**. Il engendre crimes et violences (guerres de Religion, exécution des hérétiques). Les philosophes se sont attachés en toute occasion à dénoncer ses méfaits.

▶ Philosophes. Le mot désigne au XVIIIe siècle les écrivains qui se sont donné pour tâche de **détruire les préjugés**. Ébranlant ainsi les fondements de l'édifice social, moral et religieux, ils tentent d'instaurer un nouvel art de vivre fondé sur la liberté, la raison et la justice. En favorisant le développement de l'esprit critique, ils préparent la Révolution de 1789.

▶ Philosophie des Lumières. Elle se fonde sur la **raison** pour juger de toute chose ; elle rejette les explications d'origine surnaturelle ; elle s'appuie sur l'expérience, et non sur la tradition, pour atteindre la vérité ; enfin, elle prône avant tout le respect absolu de la personne humaine (esprit de **tolérance**).

▶ Préjugé. Le préjugé est une **idée préconçue admise sans examen**, avant jugement. Les philosophes du XVIIIe siècle combattent l'ignorance et les préjugés au nom de la raison.

▶ Raison. Ce **maître mot du XVIIIe siècle** désigne le principe suprême de connaissance. Elle est fondée sur l'examen critique de toute chose et vise à remettre en cause l'autorité ou la tradition.

▶ Tolérance. La tolérance consiste à **respecter l'opinion d'autrui** et à lui laisser la liberté de l'exprimer, même si on ne la partage pas. Elle s'oppose au fanatisme et à la violence dans toutes ses formes.

THÉORIES ET MOUVEMENTS

▶ Libertin. Au XVIIe siècle, le libertin (du latin *libertinus*, « affranchi ») désigne surtout un **libre-penseur sceptique** et méfiant à l'égard de tous les dogmes. Au XVIIIe siècle, le mot désigne davantage un personnage aux mœurs dissolues, affranchi de toute contrainte morale ou sociale.

▶ Relativisme. L'invention du télescope et du microscope ouvre à l'homme de nouvelles perspectives, celles de l'infiniment grand et de l'infiniment petit. On s'aperçoit alors que tout est relatif : les êtres ne sont **ni grands ni petits en soi**, mais le sont par rapport à d'autres : c'est la doctrine du relativisme. Voltaire engage une réflexion sur le relativisme dans *Micromégas*.

▶ Rousseauisme. Le terme fait allusion aux idées de Rousseau, pour qui l'homme est **naturellement bon** ; c'est la vie sociale et civilisée qui le pervertit et lui fait perdre son innocence.

GENRES ET REGISTRES

▶ Conte philosophique. Né au XVIIIe siècle, le conte philosophique est un récit court et plaisant, qui emprunte des traits au conte traditionnel mais qui est porteur d'une **réflexion d'ordre moral ou philosophique. Voltaire**, qui en est l'inventeur, en fait un instrument privilégié de critique sociale, politique ou religieuse. Le voile de la fiction permet en effet toutes les audaces.

▶ Marivaudage. **Style précieux, propre au théâtre de Marivaux.** Le terme renvoie au langage nuancé et raffiné par lequel les personnages de Marivaux jouent avec la subtilité de leurs sentiments amoureux, les cachent ou se les cachent en raison des convenances sociales.

Le XIXᵉ siècle : introduction

43

Le XIXᵉ siècle connaît de profonds bouleversements politiques, économiques et sociaux. En même temps se développe une vie littéraire et artistique intense qui touche un public de plus en plus large.

1 *Caractéristiques générales*

A Un siècle de progrès et de mutations sociales

- Le XIXᵉ siècle est marqué par une importante **instabilité politique** (crises, coups d'États, révolutions) et par des **avancées scientifiques et techniques** considérables.
- La maîtrise de la vapeur, le développement des réseaux ferrés puis de l'électricité ouvrent la voie de l'**ère industrielle**. En médecine, le premier vaccin contre la rage est mis au point par **Pasteur** (1822-1895) ; **Pierre et Marie Curie** découvrent le radium en 1898.
- Mais le développement industriel n'est pas sans conséquences sur les **conditions sociales** : les différences s'accentuent entre les bourgeois, qui s'enrichissent, et les ouvriers.

B Les lettres et les arts

- Un grand élan de curiosité culturelle anime le siècle. Les livres se multiplient, la presse connaît des tirages croissants et permet une large diffusion de la littérature.
- La **littérature** est marquée par trois courants principaux : le **romantisme*** (expression d'une sensibilité exacerbée), le **réalisme*** (volonté de reproduire la réalité), le **symbolisme*** (art de la suggestion).
- En **peinture**, les **romantiques** Géricault (1791-1824) et Delacroix (1798-1863) privilégient l'expression du mouvement et la couleur. Les **réalistes** Millet et Courbet, eux, veulent peindre le monde tel qu'il est. Vers 1870-1880, les **impressionnistes** (Manet, Degas, Monet, Renoir, Pissarro) peignent en plein air les paysages et accordent une importance particulière à la lumière.
- En **sculpture**, le génie puissant d'Auguste Rodin travaille la force de suggestion du mouvement et l'expression du sentiment.

▶ La **musique** devient l'art romantique par excellence : l'Allemand Beethoven, le Français Berlioz, le Polonais Chopin, le Hongrois Liszt expriment la violence des passions.

2 Repères historiques

A 1800-1850 : l'instabilité politique

▶ Le **Consulat et l'Empire (1799-1814)** : après la Révolution, Napoléon Bonaparte prend le pouvoir lors du coup d'État du 18 brumaire an VIII (9 novembre 1799). Premier consul, il est sacré empereur en 1804 sous le nom de Napoléon Ier.

▶ La **Restauration (1815-1830)** : après la défaite de Napoléon à Waterloo, la France revient à la monarchie avec Louis XVIII (1815-1824) et Charles X (1824-1830). Mais les journées révolutionnaires de 1830, « les Trois Glorieuses », mettent fin au règne de Charles X.

▶ La **monarchie de Juillet (1830-1848)** : la bourgeoisie libérale porte au pouvoir Louis-Philippe, de la maison d'Orléans, qui devient roi des Français. Mais il est chassé par la révolution de 1848.

B 1850-1900 : le triomphe de la République

▶ La **IIe République (1848-1851)** : Louis Napoléon Bonaparte est élu président de la République.

▶ Le **Second Empire (1852-1870)** : le coup d'État du 2 décembre 1851 met fin à l'expérience républicaine : Bonaparte devient Napoléon III. Il instaure une nouvelle forme de régime autoritaire.

▶ **1870** : après la défaite de Napoléon III à **Sedan** durant la guerre contre la Prusse, le Second Empire s'effondre.

▶ La **IIIe République** (1870-1940) est proclamée, mais à Paris, assiégé par les Prussiens, la colère grandit : la Commune éclate (mars-mai 1871). Thiers réprime l'insurrection dans le sang.
• Les républicains mettent en place la liberté de la presse, l'instruction laïque, gratuite et obligatoire (1881-1882), le droit syndical.
• L'**affaire Dreyfus** (1894-1906) (→ FICHE 59) divise la France en deux camps. La IIIe République finit par s'imposer durablement.

La poésie romantique (1) : Lamartine, Vigny

44

QUIZ p. 95

La poésie romantique est caractérisée par l'exaltation des sentiments. Elle apparaît en France à partir de 1820, avec les Méditations poétiques, de Lamartine, et s'épanouit jusqu'aux alentours de 1850.

1 *Lamartine (1790-1869) : l'effusion lyrique*

A Le poète et l'homme d'action

▶ Né dans une famille aristocratique, Alphonse de Lamartine vit une enfance heureuse au contact de la **nature**, à Milly, dans le Mâconnais.

▶ Sa vie sentimentale est marquée par sa rencontre avec Julie Charles, à Aix-les-Bains, au bord du lac du Bourget ; mais la jeune femme meurt un an après cette rencontre. Cette **idylle tragique** inspirera son œuvre lyrique.

▶ Lamartine s'investit dans la **vie politique** où il tente de faire entendre ses **idées progressistes** : élu député, il proclame la République en 1848. Mais son échec aux élections présidentielles (qui voient le triomphe de Louis Napoléon Bonaparte) met fin à sa carrière politique.

B L'œuvre lyrique

▶ Son principal recueil, les ***Méditations poétiques*** (1820), est composé de vingt-quatre poèmes lyriques inspirés par son amour malheureux avec Julie Charles (l'Elvire du « Lac »).

▶ Le poème le plus célèbre des *Méditations*, **« Le lac »**, développe les thèmes romantiques de la fuite du temps et de la nature consolatrice.

> Ô temps, suspends ton vol ! et vous, heures propices,
> Suspendez votre cours !
> Laissez-nous savourer les rapides délices
> Des plus beaux de nos jours !
>
> ■ « Le lac » (v. 21-24), *Méditations poétiques*

L'ESSENTIEL SUR...

LES MÉDITATIONS POÉTIQUES

- Une **poésie musicale et intime** privilégiant l'émotion.
- Une **nature** à la fois **confidente et consolatrice**, des paysages états d'âme, en accord avec la mélancolie du poète.

2 Vigny (1797-1863) : une philosophie de la douleur

A De désillusion en désillusion

▶ Alfred de Vigny naît à Loches, en Touraine. Issu d'une famille aristocratique, il est élevé dans le culte de la monarchie et le **regret du passé**.

▶ Déçu par la carrière des armes, puis par la politique, habité d'un **pessimisme profond**, entretenu par la mort de sa mère et sa rupture avec l'actrice Marie Dorval, Vigny se réfugie dans la solitude et se consacre à la littérature (→ FICHE 54).

B *Les Destinées*

▶ Après la mort de Vigny paraissent onze poèmes réunis sous le titre ***Les Destinées*** (posth. 1864). Le poète y pose le problème de la condition humaine.

▶ L'homme, traqué par le mal et la souffrance, ne saurait trouver de réconfort, ni en Dieu, qui reste impassible (« Le mont des Oliviers »), ni en la nature indifférente (« La maison du berger »), ni en la femme, séductrice et perverse (« La colère de Samson »).

▶ Il lui faut se résigner, travailler à son œuvre sans en attendre de récompense immédiate (« La bouteille à la mer »), et adopter une attitude de courage et de dignité, à l'exemple du loup (« La mort du loup »). Mais un jour viendra où les progrès de la science guideront les hommes vers des horizons plus radieux (« La bouteille à la mer »).

> Comment on doit quitter la vie et tous ses maux,
> C'est vous qui le savez, sublimes animaux !
> À voir ce que l'on fut sur terre et ce qu'on laisse
> Seul le silence est grand ; tout le reste est faiblesse.
>
> ■ « La mort du loup », *Les Destinées*

INFO Le stoïcisme est une doctrine philosophique qui préconise de rester impassible face à la souffrance et à la mort.

L'ESSENTIEL SUR...

LES DESTINÉES

- **Une poésie philosophique** qui propose une réflexion sur la condition humaine : voué à la souffrance, l'homme trouve néanmoins sa grandeur dans l'acceptation stoïque de son destin.
- **Une poésie qui cultive le symbole**, concrétisant ainsi la réflexion philosophique.

La poésie romantique (2) : Nerval, Musset

45

QUIZ p. 95

Nerval est le seul romantique français à accorder une part aussi grande au rêve. Musset, lui, incarne l'esprit romantique par sa vie désordonnée et ses vers passionnés.

1 *Gérard de Nerval (1808-1855) : entre rêve et réalité*

A Le drame intérieur

La vie de Gérard Labrunie, né à Paris, est marquée par la **souffrance.**

▶ Orphelin de mère à l'âge de deux ans, il est élevé à Mortefontaine (Valois) dans la propriété de son grand-oncle maternel, le clos de Nerval, dont il prendra le nom.

▶ Sa **passion malheureuse** pour l'actrice Jenny Colon puis la mort de celle-ci ébranlent sa sensibilité déjà exacerbée. Souffrant de troubles mentaux, il transpose dans l'écriture son drame intérieur : recherche d'une identité, quête incessante d'une femme imaginaire et idéale, à la fois mère, amante, déesse et simple mortelle. On le retrouve pendu dans une rue du quartier du Châtelet à Paris, un matin de janvier 1855.

B Son œuvre poétique

▶ Dans les ***Odelettes*** (1832-1853), s'expriment les émotions et les rêveries du jeune poète : un paysage, une rencontre, le souvenir mélancolique d'un air de musique…

> Elle a passé, la jeune fille
> Vive et preste comme un oiseau
>
> ■ « Une allée du Luxembourg », *Odelettes*

▶ ***Les Chimères*** (1854) se composent de douze sonnets dans lesquels se retrouvent les obsessions de Nerval. En quête de son identité et d'une présence féminine consolatrice, il interroge les grandes figures mythiques (Horus, Myrtho) et croit avoir reçu des révélations ésotériques de l'au-delà.

> Je suis le ténébreux, – le veuf, – l'inconsolé,
> Le prince d'Aquitaine à la tour abolie :
> Ma seule étoile est morte, – et mon luth constellé
> Porte le soleil noir de la Mélancolie.
>
> ■ « El Desdichado » [= le Déshérité], *Les Chimères*

L'ESSENTIEL SUR...

L'ŒUVRE POÉTIQUE DE NERVAL

- **Une poésie hermétique**, cultivant le rêve, le mystère, le symbole.
- **Une écriture originale et exigeante**, usant avec bonheur des rythmes et des effets de sonorités.

2 Alfred de Musset (1810-1857) : la douleur inspiratrice

A Une liaison malheureuse

Jeune homme brillant, issu d'un milieu aisé, Musset connaît tous les succès. Mais, brisé par sa **liaison orageuse avec George Sand**, il se réfugie dans la poésie et l'écriture théâtrale (→ FICHE 65), puis sombre dans la débauche. Il meurt oublié de ses contemporains.

B Le poète de la fantaisie, de la passion et de la douleur

▶ Son premier recueil poétique, les ***Contes d'Espagne et d'Italie*** (1830), est empreint de passion et de visions colorées, sur fond espagnol ou vénitien.

▶ ***Les Nuits*** (1835-1837) regroupent quatre poèmes : « La Nuit de mai », « La Nuit de décembre », « La Nuit d'août » et « La Nuit d'octobre ». Musset, brisé après sa rupture avec George Sand, s'interroge sur les rapports entre la douleur et la création artistique.

- Dans **« La Nuit de mai »**, la Muse appelle le poète et le presse d'écrire, lui démontrant que la souffrance est inspiratrice. Tel le pélican qui donne son cœur en pâture à ses petits affamés, le poète livre au lecteur les vers que lui dicte sa douleur.

> Les plus désespérés sont les chants les plus beaux
> Et j'en sais d'immortels qui sont de purs sanglots.
>
> ■ « La Nuit de mai », *Les Nuits*

- Dans **« La Nuit de décembre »**, le poète angoissé est poursuivi par la mystérieuse apparition de son double « vêtu de noir », qui lui ressemble « comme un frère ».

▶ Dans ***Tristesse*** (1840), Musset fait le triste bilan de sa vie.

> J'ai perdu ma force et ma vie,
> Et mes amis et ma gaieté.

▶ Dans ***Souvenir*** (1841), Musset se rappelle le bonheur passé avec George Sand : rien ne peut entamer le souvenir d'un grand amour, qui demeure éternel.

L'œuvre poétique de Hugo

46

QUIZ p. 95

Poète, romancier, dramaturge et dessinateur, Victor Hugo domine le XIXe siècle par sa puissance créatrice, la diversité de son œuvre et son engagement en faveur des faibles et des opprimés.

1 *Une vie ponctuée de gloire et de déchirures*

A Le chef de file des écrivains romantiques

▶ Victor Hugo (1802-1885) naît à Besançon, d'un père bonapartiste et d'une mère royaliste. À vingt ans, il épouse Adèle Foucher dont il aura cinq enfants.

▶ Ses premières œuvres le placent à la tête du mouvement romantique*. Il produit ensuite des chefs-d'œuvre dans tous les genres : poésie, roman, théâtre (→ FICHES 54, 55, 65).

▶ En 1833, sa vie sentimentale est marquée par sa rencontre avec Juliette Drouet qui devient sa maîtresse et le restera toute sa vie.

B Les épreuves

▶ En 1843 la **mort accidentelle de sa fille Léopoldine** plonge Hugo dans le désespoir. Il se tourne vers la politique : d'abord monarchiste et conservateur, il évolue peu à peu vers des idées progressistes.

▶ Après le coup d'État de Louis Napoléon Bonaparte, qui instaure le Second Empire (1851), Hugo passe à l'**opposition républicaine** et doit quitter la France. Il **s'exile** dans les îles anglo-normandes durant dix-huit ans, où il redouble d'activité littéraire.

▶ En 1870, il rentre à Paris. La fin de sa vie est marquée par d'autres épreuves : sa fille Adèle est atteinte de folie ; il perd sa femme, puis ses deux fils ; quant à Juliette Drouet, elle s'éteint deux ans avant lui. Après des funérailles nationales, Hugo est inhumé au Panthéon.

2 *Une diversité de thèmes et de registres*

A Les débuts

▶ Les *Odes et Ballades* (1828) regroupent des textes de jeunesse : poèmes d'inspiration royaliste, souvenirs personnels. Les *Ballades* chantent un Moyen Âge de fantaisie sur une rythmique nouvelle.

▶ *Les Orientales* (1829) présentent une peinture pittoresque de l'Orient, à la mode au XIXe siècle, et marquent une rupture avec les formes classiques.

B L'œuvre lyrique

▶ *Les Feuilles d'automne* (1831) évoquent les souvenirs d'enfance et célèbrent la famille.

▶ *Les Rayons et les Ombres* (1840) définissent le rôle du poète : il est un « écho sonore » de son époque, porteur d'un message d'amour et de vérité, et sa fonction est de **guider** la marche de l'humanité.

> Peuples ! écoutez le poète ! [...]
> Lui seul a le front éclairé.
>
> ■ *Les Rayons et les Ombres*, I

▶ *Les Contemplations* (1856), organisées autour de la mort de Léopoldine, sont distribuées en deux parties : « Autrefois » (1830-1843), célébrant le temps du bonheur, et « Aujourd'hui » (1843-1854), rassemblant les pièces inspirées par le deuil.

> *[Le poète se rend sur la tombe de Léopoldine.]*
> Demain, dès l'aube, à l'heure où blanchit la campagne,
> Je partirai. Vois-tu, je sais que tu m'attends.
> J'irai par la forêt, j'irai par la montagne.
> Je ne puis demeurer loin de toi plus longtemps.
>
> ■ *Les Contemplations*, « Aujourd'hui », livre IV, 14

C L'inspiration satirique

Dans *Les Châtiments* (1853), Hugo, exilé, se livre à une violente diatribe contre Napoléon III.

D L'inspiration épique

La Légende des siècles (1859, 1877, 1883) retrace l'épopée du genre humain ; le poète y réaffirme sa foi dans le progrès.

L'ESSENTIEL SUR...

L'ŒUVRE POÉTIQUE DE HUGO

- Une poésie qui touche à **tous les registres** : lyrique, satirique, épique.
- **Un lyrisme*** qui chante des sentiments communs à tous les hommes.
- Une poésie foisonnant d'**images et** d'**antithèses**, où les valeurs sombres s'opposent aux valeurs lumineuses.
- Un talent de **visionnaire** qui prête vie et âme à toutes les choses de ce monde.

La poésie parnassienne : Gautier, Leconte de Lisle, Heredia

47

QUIZ p. 95

Vers 1850, lassés du lyrisme des romantiques, quelques poètes cultivent une poésie purement descriptive, s'interdisant toute effusion personnelle.*

1 Théophile Gautier (1811-1872) : un ciseleur de vers

A Un journaliste, un poète, un romancier

▶ Théophile Gautier est d'abord tenté par la peinture. Présenté à Hugo, il se lance à ses côtés dans la bataille romantique mais prend peu à peu ses distances par rapport au mouvement.

▶ Il devient journaliste, voyage et écrit (→ FICHES 54, 62).

B La doctrine de l'art pour l'art

▶ Gautier rejette les épanchements lyriques du romantisme* et prône une poésie **fondée sur le travail et le culte du beau**.

▶ En 1836, il expose sa doctrine de **« l'art pour l'art »**, annonciatrice du Parnasse*.

> Il n'y a de vraiment beau que ce qui ne peut servir à rien, tout ce qui est utile est laid [...].
>
> ■ *Préface de Mademoiselle de Maupin*, 1835

▶ Gautier applique ses théories esthétiques à sa poésie : les textes d'***Émaux et Camées*** (1852) sont de petits poèmes descriptifs minutieusement ciselés.

L'ESSENTIEL SUR...

LA POÉSIE DE GAUTIER

- **Une poésie picturale** : effets de lumière et de couleurs.
- **La technique d'un orfèvre** : Gautier traite chaque poème comme un médaillon précieux.

2 Leconte de Lisle (1818-1894) : le chef de file du Parnasse

Charles Leconte de Lisle naît à l'île Bourbon (La Réunion). Élevé en France métropolitaine, il fera deux séjours sur son île natale. Il en gardera le **goût de la nature et des civilisations exotiques**.

Ardent républicain, il participe à la révolution de 1848, dont l'échec lui cause une violente déception, puis se consacre à la poésie. Ses recueils l'imposent comme le maître du Parnasse.

▶ Les *Poèmes antiques* (1852) empruntent leurs sujets aux légendes de l'Inde et de la Grèce.

▶ Les *Poèmes barbares* (1862) évoquent les civilisations disparues et les contrées exotiques. Ils peignent aussi la nature tropicale et la faune sauvage.

> Sous la haute fougère elle glisse en silence,
> Parmi les troncs moussus s'enfonce et disparaît.
> Les bruits cessent, l'air brûle, et la lumière immense
> Endort le ciel et la forêt.
>
> ■ « La panthère noire », *Poèmes barbares*

L'ESSENTIEL SUR…

LA POÉSIE DE LECONTE DE LISLE

- **Une évocation somptueuse** des paysages tropicaux et des animaux.
- **Une angoisse métaphysique** devant le tragique de la vie.

3 Heredia (1842-1905) : une érudition historique

▶ Né à Cuba, José Maria de Heredia est élevé en France. Il entre à l'école des Chartes où il acquiert une **vaste culture historique** qui imprégnera son œuvre.

▶ *Les Trophées* (1893) comportent cent dix-huit sonnets évoquant des civilisations mortes ou des pays lointains.

> Comme un vol de gerfauts hors du charnier natal,
> Fatigués de porter leur misère hautaine,
> De Palos de Moguer, routiers et capitaines
> Partaient, ivres d'un rêve héroïque et brutal.
>
> ■ « Les conquérants », *Les Trophées*

L'ESSENTIEL SUR…

LES TROPHÉES

- **Des sonnets à l'aspect pictural** extrêmement travaillé ; l'emploi d'un **vocabulaire savant** aux sonorités évocatrices.
- **Une recréation du contexte antique** avec, en filigrane, l'obsession du temps destructeur : « Le temps passe. Tout meurt » (*Les Trophées*).

Baudelaire : vers la modernité poétique

48

? QUIZ p. 95

L'œuvre de Baudelaire, au confluent du romantisme* et du Parnasse*, annonce le symbolisme* par sa puissance de suggestion. Elle inaugure la modernité par la nouveauté de son projet : l'exploration d'un univers intérieur écartelé entre des tensions opposées.

1 *Baudelaire (1821-1867) : une vie tourmentée*

▶ Charles Baudelaire naît à Paris. Après avoir passé son baccalauréat, il mène une vie de bohème, si bien que sa famille, en 1841, l'envoie à La Réunion où il découvre les séductions de l'exotisme.

▶ De retour à Paris, il se lie avec Jeanne Duval, une métisse qu'il appelle sa « Vénus noire », avec qui il aura une liaison orageuse durant toute sa vie. Il dilapide l'argent hérité de son père et mène une vie de dandy. Baudelaire doit alors travailler pour vivre. Il écrit les premières pièces des *Fleurs du mal*, devient critique littéraire, critique d'art et traducteur des récits fantastiques de l'Américain Edgar Poe.

> INFO Le dandy est un homme qui cultive l'élégance et le raffinement, tant sur le plan vestimentaire que moral.

▶ En 1857, il publie *Les Fleurs du mal*, où il se propose « d'extraire la beauté du mal ». Le recueil fait scandale, et Baudelaire est condamné en correctionnelle pour « immoralité ».

▶ Usé par l'alcool, la maladie, accablé de dettes, Baudelaire s'éteint à Paris, à demi-paralysé et aphasique.

2 Les Fleurs du mal

A Le spleen et l'expression du drame intérieur

Dans *Les Fleurs du mal* (1857), le poète retrace son déchirement intérieur. Souffrant de la laideur et de la médiocrité du monde, il aspire à un idéal de beauté et de pureté qu'il ne peut atteindre, si bien qu'il sombre dans le spleen.

> INFO Le spleen (mot anglais, « mélancolie ») est un état d'abattement et de profond désespoir qui emprisonne l'âme du poète.

> Quand le ciel bas et lourd pèse comme un couvercle
>
> ■ « Spleen », *Les Fleurs du mal*, LXXVIII

B La quête d'un remède

▶ Le poète fait des tentatives désespérées pour échapper au spleen et atteindre l'idéal. Il recourt :
– à la **poésie**, qui peut créer un monde plus beau que le monde réel ;
– à l'**amour**, qui peut procurer l'évasion (dans la chevelure de Jeanne Duval, le poète retrouve les parfums des îles) ;
– aux **voyages**, réels ou imaginaires (« L'invitation au voyage ») ;
– aux **paradis artificiels** (vin et drogues).

▶ Mais toutes ces tentatives échouent ; puis c'est la révolte qui, à son tour, s'avère cruellement vaine. La mort apparaît alors au poète comme l'ultime espoir d'échapper au spleen.

> C'est la Mort qui console, hélas ! et qui fait vivre.
>
> ■ « La mort des pauvres », *Les Fleurs du mal*, CXXII

C Les « correspondances »

▶ Le poète perçoit les **relations cachées** entre les choses et les êtres, les **« correspondances »** entre le visible et l'invisible (correspondances verticales) et entre les différentes sensations (correspondances horizontales).

> Les parfums, les couleurs et les sons se répondent.
>
> ■ « Correspondances », *Les Fleurs du mal*, IV

▶ Le poète peut sans doute atteindre les hautes sphères de l'idéal, mais il est condamné à vivre sur terre, incompris, torturé par la foule (« L'albatros », *Les Fleurs du mal*, II).

3 Le Spleen de Paris

Avec *Le Spleen de Paris* ou *Petits Poèmes en prose* (posth. 1869), Baudelaire réussit « le miracle d'une prose poétique, musicale, sans rythme et sans rime » (Dédicace du *Spleen de Paris*). Ces poèmes d'un genre nouveau se présentent sous la forme de **petits tableaux parisiens** dans lesquels le promeneur livre ses impressions.

L'ESSENTIEL SUR...

L'ŒUVRE DE BAUDELAIRE

• **Une confession sincère** que le poète fait de son mal, de ses espérances, de ses défaillances, de sa déchéance.
• **Un précurseur du symbolisme** par l'utilisation des symboles et la puissance suggestive des images pour traduire des états d'âme (« Je suis un cimetière... » (« Spleen », *Les Fleurs du mal*, LXXVI).

Verlaine : le poète maudit

49

QUIZ p. 95

Le symbolisme, en réaction contre le Parnasse*, cultive la musique et le mystère. Verlaine, Rimbaud, Mallarmé participent de ce mouvement.*

1 Une déchéance morale et matérielle

▶ Paul Verlaine (1844-1896) naît à Metz mais sa famille s'installe à Paris, où il mène une vie de bohème, écrit des vers et se met à boire.

▶ Sa vie est bouleversée par sa **rencontre avec Rimbaud** (1871) (→ FICHE 50), avec qui il s'enfuit à Londres et à Bruxelles. Un soir d'ivresse, il le blesse de deux coups de revolver. Condamné à deux ans de prison, il se réfugie dans la religion puis retourne à une vie de débauche. Il meurt dans la misère.

2 Une poésie en demi-teinte

▶ Avec les ***Poèmes saturniens*** (1866), le poète inscrit sa personnalité et sa poésie sous le signe maléfique de Saturne. Il dévoile une sensibilité inquiète et mélancolique.

> Les sanglots longs / Des violons / De l'automne
>
> ■ « Chanson d'automne », *Poèmes saturniens*

▶ Les ***Fêtes galantes*** (1869), recueil qui s'inspire du peintre Watteau (1684-1721), présentent des personnages costumés dans un contexte de fêtes mélancoliques.

▶ Les ***Romances sans paroles*** (1874) reflètent les états d'âme du poète sur un mode impressionniste et musical.

> Il pleure dans mon cœur / Comme il pleut sur la ville.
>
> ■ « Ariettes oubliées III », *Romances sans paroles*

▶ Dans ***Sagesse*** (1881), le poète emprisonné se tourne vers Dieu.

▶ ***Jadis et Naguère*** (1884) est un recueil disparate où figure le célèbre « Art poétique » qui définit la poétique de Verlaine.

L'essentiel sur...

L'œuvre de Verlaine

- **Une poésie musicale fondée sur un vers impair**, fluide et berceur.
- **Des paysages tout en impressions**, transposition subtile des états d'âme du poète.

Rimbaud : le poète « voyant »

50

QUIZ p. 95

Influencé par Hugo, le Parnasse* et Baudelaire, Rimbaud renouvelle l'inspiration et le langage poétiques. Il est un jalon essentiel entre le romantisme* et le surréalisme*.

1 *Une vie à la dérive*

▶ Adolescent révolté et fugueur, Rimbaud (1854-1891) est un **génie poétique précoce** et fulgurant. À dix-sept ans, il rencontre **Verlaine** (→ FICHE 49) avec qui il vit une amitié passionnelle, jusqu'au drame : Verlaine le blesse de deux coups de revolver.

▶ À vingt et un ans, Rimbaud cesse d'écrire. En 1880, il part pour l'Abyssinie (Éthiopie) où il gère un comptoir commercial. Atteint d'une tumeur au genou, il rentre en France où on l'ampute d'une jambe. Il meurt de la gangrène quelques mois plus tard.

2 *L'aventure poétique*

▶ Les ***Poésies*** (1870-1871) révèlent une sensibilité exacerbée, empreinte de révolte.

> Je m'en allais, les poings dans mes poches crevées ;
>
> ■ « Ma bohème », *Poésies*

La métaphore du **« Bateau ivre »** illustre le **mythe du poète « voyant »** qui doit rapporter de son extraordinaire aventure des visions inédites.

> Et j'ai vu quelquefois ce que l'homme a cru voir !
>
> ■ « Le bateau ivre », *Poésies*

▶ ***Illuminations*** (1872) est un recueil de poèmes en prose et en vers libres, où se déploient des visions hallucinées.

▶ ***Une saison en enfer*** (1873) est une confession poignante. Le poète dit ses folies, ses échecs, ses errances avec Verlaine.

L'ESSENTIEL SUR...

L'ŒUVRE DE RIMBAUD

- Une poésie conçue comme une **exploration de l'inconnu** : le poète est un « **voyant** ».
- **Un langage poétique nouveau** : versification libre, images propres à rendre compte de l'imagination visionnaire du poète.

Les symbolistes : Mallarmé, Lautréamont, Laforgue

51

? QUIZ p. 95

Le courant symboliste revêt à la fin du siècle des orientations diverses, qu'il s'agisse d'atteindre la « poésie pure » (Mallarmé), d'exalter le mal (Lautréamont), ou de suggérer un univers mélancolique (Laforgue).*

1 *Mallarmé (1842-1898) : une esthétique hermétique*

A Professeur et poète

Né à Paris, professeur d'anglais et poète, Mallarmé reçoit chaque mardi dans son appartement de la rue de Rome des artistes (Manet, Debussy…) et des jeunes poètes qui voient en lui un maître.

B L'exigence poétique

Le recueil *Poésies* (1887) rassemble trente-cinq poèmes.

▶ **« L'Azur »** (1864) traduit le découragement du poète qui désespère d'atteindre la perfection poétique, symbolisée par l'Azur.

▶ **« Brise marine »** (1865) exprime le désir du poète d'échapper à l'ennui qui pèse sur sa vie.

La chair est triste, hélas ! et j'ai lu tous les livres.

▶ **« L'Après-midi d'un faune »** (1876) évoque la rêverie érotique d'un faune couché sous un olivier. Le poème a inspiré à Claude Debussy son *Prélude à l'après-midi d'un faune* (1894).

> **INFO** Chez les Latins, les faunes sont de petits dieux rustiques vivant dans les bois, protecteurs des troupeaux et des bergers.

▶ **« Le Tombeau d'Edgar Poe »** (1877) célèbre la mémoire de l'écrivain américain par un sonnet.

Tel qu'en lui-même enfin l'éternité le change

▶ **« Le vierge, le vivace… »** présente une réflexion sur l'inspiration et l'écriture poétique : la poésie est une quête douloureuse de l'absolu.

L'ESSENTIEL SUR…

L'ŒUVRE DE MALLARMÉ

- **Une poésie difficile**, chargée de symboles.
- **Une expérience mystique** : la poésie, par essence mystérieuse et insaisissable, est réservée aux initiés.

2 *Lautréamont (1846-1870) : les séductions du mal*

▶ Isidore Ducasse, dit Lautréamont, naît à Montevideo (Uruguay). Venu à Paris pour faire ses études, il y mène une vie misérable et écrit de la poésie. Il meurt de la tuberculose à vingt-quatre ans.

▶ ***Les Chants de Maldoror*** (1869) sont un très long poème en prose divisé en six chants. L'énigmatique figure de Maldoror, au nom symbolique (mal d'aurore), escortée d'un bestiaire répugnant (poux, cloportes, serpents…), incarne le mal, principe de son existence et de sa liberté.

> Je suis fils de l'homme et de la femme […] j'aurais voulu être plutôt le fils de la femelle du requin […] et du tigre, à la cruauté reconnue : je ne serais pas si méchant.
>
> ■ *Les Chants de Maldoror*, I, 8

L'ESSENTIEL SUR…

L'ŒUVRE DE LAUTRÉAMONT

- **Une œuvre de violence et de haine**, marquée par une exaltation jubilatoire du mal.
- **Une œuvre visionnaire et provocatrice**, emplie d'images insolites qui séduiront les surréalistes.

3 *Jules Laforgue (1860-1887) : le mal de vivre*

Né à Montevideo, de parents français, il est envoyé à Paris pour faire ses études. À dix-sept ans, seul dans la capitale, il vit dans la pauvreté et se réfugie dans la poésie. Il meurt de la tuberculose à vingt-sept ans.

▶ Dans ***Le Sanglot de la terre*** (1880) et ***Les Complaintes*** (1885), le poète exprime sa solitude et son ennui.

> Je mange, et bâille, et lis, rien ne me passionne…
> Bah ! Couchons-nous. – Minuit. Une heure. Ah ! chacun dort !
> Seul, je ne puis dormir et je m'ennuie encor.
>
> ■ « Spleen », *Le Sanglot de la terre*

▶ Les poèmes de ***L'Imitation de Notre-Dame la Lune*** (1886) sont dominés par la figure blafarde de Pierrot, frère de malheur du poète.

L'ESSENTIEL SUR…

LA POÉSIE DE LAFORGUE

Une irrémédiable tristesse qui tente de se cacher derrière **un humour grinçant**, des néologismes cocasses (« éternullité », « exisolé »), des expressions triviales.

Quiz express

Vérifiez que vous avez bien retenu les points importants. **fiches 44-51, 69**

52

La poésie au XIXe siècle

1 Les poètes du XIXe siècle

Complétez avec les noms des poètes :

Hugo, Lamartine, Heredia, Verlaine, Lautréamont, Vigny, Mallarmé, Rimbaud, Gautier, Leconte de Lisle, Nerval, Musset, Laforgue.

a. ...., ..., ..., ..., ... sont des poètes romantiques.

b. ...., ..., ... sont des poètes parnassiens.

c. ...., ..., ..., ..., ... sont des poètes symbolistes.

2 La poésie romantique

Cochez les bonnes réponses

- ☐ a. Elle privilégie l'exaltation des sentiments
- ☐ b. Elle privilégie le culte de la forme
- ☐ c. Elle est à la fois lyrique et engagée

3 Baudelaire, Verlaine, Rimbaud

	Vrai	Faux
1. Rimbaud a écrit « Le Bateau enchanté ».	☐	☐
2. Baudelaire veut « extraire la beauté du mal ».	☐	☐
3. Verlaine crée la musicalité avec le vers impair.	☐	☐

4 Les citations

Retrouvez les auteurs des citations.

1. « Ô temps, suspends ton vol ! » •	• a. Rimbaud
2. « Demain dès l'aube, à l'heure où blanchit la campagne/ Je partirai. » •	• b. Baudelaire
3. « Je m'en allais, les poings dans mes poches crevées » •	• c. Hugo
4. « Les parfums, les couleurs et les sons se répondent. » •	• d. Lamartine

Corrigés !

Score : ... / 23

1 Les poètes du XIXe siècle

Fiches 44-51

a. Lamartine, Vigny, Nerval, Musset, Hugo sont des poètes romantiques.
b. Gautier, Leconte de Lisle, Heredia sont des poètes parnassiens.
c. Verlaine, Rimbaud, Mallarmé, Laforgue, Lautréamont sont des poètes symbolistes.

2 La poésie romantique

Fiches 44, 46, 69

Réponses a. et **c.**

3 Baudelaire, Verlaine, Rimbaud

Fiches 48-50

1. Faux. Rimbaud a écrit « Le bateau ivre », poème qui illustre le mythe du « poète voyant » et dans lequel il manifeste sa fabuleuse puissance créatrice.
2. Vrai. Baudelaire, écartelé entre le Spleen et l'Idéal, transfigure le réel par la poésie.
3. Vrai. Le vers impair crée une certaine fluidité : « De la musique avant toutes chose/ Et pour cela préfère l'impair (« Art poétique », *Jadis et Naguère*, 1884)

4 Les citations

Fiches 44, 46, 48, 50

1. d. – 2. c. – 3. a. – 4. b.
La citation 1 est extraite du poème « Le lac », de Lamartine. Le poète supplie le temps de s'arrêter pour retenir les moments heureux.
La citation 2 est extraite des *Contemplations* : le poète, à la veille du quatrième anniversaire du décès accidentel de sa fille, compose pour elle un poème d'amour et de célébration.
La citation 3 est extraite de « Ma bohème », sonnet qui illustre les errances d'un adolescent révolté, ivre d'espace et de liberté.
La citation 4 est extraite du poème « Correspondances » (*Les Fleurs du mal*, 1857) : selon le poète, il existe des relations cachées entre les choses et les êtres, qui donnent un sens au désordre apparent du monde.

Les écrits d'inspiration autobiographique : Chateaubriand, Musset, Nerval

53

QUIZ p. 117

Avec l'avènement du romantisme, de nombreux écrivains privilégient l'écriture du moi, à travers des romans ou des nouvelles d'inspiration autobiographique, ou à travers des Mémoires*.*

1 Chateaubriand (1768-1848) : le premier romantique

A Voyageur, homme de lettres, homme d'État

▶ Né à Saint-Malo, François-René de Chateaubriand passe avec sa sœur Lucile une enfance mélancolique dans le château de Combourg. En 1791, il s'embarque pour l'Amérique, dont il rapportera des visions enchantées.

▶ Nommé ambassadeur à Rome par Bonaparte, il devient hostile à l'Empereur et réaffirme ses convictions royalistes. Sous Louis XVIII, il devient ministre. Attaché aux libertés, il passe en 1824 à l'opposition monarchiste libérale puis abandonne la vie politique pour se consacrer à la rédaction de ses Mémoires, publiés après sa mort.

B L'œuvre autobiographique

▶ *René* (1802) est un roman qui met en scène un jeune homme en proie au désespoir et à l'ennui. Il vit en compagnie de sa sœur Amélie et s'embarque pour l'Amérique.

> « Levez-vous vite, orages désirés qui devez emporter René dans les espaces d'une autre vie ! » Ainsi disant, je marchais à grands pas, le visage enflammé, le vent sifflant dans ma chevelure, ne sentant ni pluie, ni frimas, enchanté, tourmenté, et comme possédé par le démon de mon cœur.
>
> ■ *René*

L'ESSENTIEL SUR…

RENÉ

- **Le souvenir** des années exaltées passées dans les landes de Combourg.
- **Un personnage emblématique** du **mal du siècle***.

▶ Dans les ***Mémoires d'outre-tombe*** (1809-1848), Chateaubriand fait le récit de sa vie et des événements historiques dont il a été le témoin.

J'étais presque mort quand je vins au jour. Le mugissement des vagues, soulevées par une bourrasque annonçant l'équinoxe d'automne, empêchait d'entendre mes cris [...]. Il n'y a pas de jour où [...] je ne revoie en pensée le rocher sur lequel je suis né, la chambre où ma mère m'infligea la vie, la tempête dont le bruit berça mon premier sommeil [...].

■ *Mémoires d'outre-tombe*, livre I, chap. II

L'ESSENTIEL SUR...

LES MÉMOIRES D'OUTRE-TOMBE

- **Une longue méditation sur la fuite du temps et la mort.**
- **Une écriture musicale et rythmée.**

2 Musset (1810-1857) : « un enfant du siècle »

▶ Alfred de Musset, poète et dramaturge (→ FICHES 45 ET 65), est aussi l'auteur d'un roman autobiographique.

▶ Dans *La Confession d'un enfant du siècle* (1836), Musset transpose, à travers les amours de Brigitte et d'Octave, l'histoire de sa passion avec George Sand.

3 Nerval (1808-1855) : la poésie du rêve

Gérard de Nerval, poète (→ FICHE 45), est aussi l'auteur d'un recueil de nouvelles, *Les Filles du feu*, dont fait partie *Sylvie*, et du récit *Aurélia*, sa dernière œuvre.

▶ Dans *Sylvie* (intégrée en 1854 dans *Les Filles du feu*), Nerval superpose les images de trois jeunes filles issues du passé et du présent, Adrienne, Aurélie et Sylvie.

J'étais le seul garçon dans cette ronde, où j'avais amené ma compagne toute jeune encore, Sylvie, une petite fille du hameau voisin, si vive et si fraîche, avec ses yeux noirs, son profil régulier et sa peau légèrement hâlée !...

■ *Sylvie*

▶ Dans *Aurélia* (1855), Nerval recompose les principaux épisodes de ses plongées dans la folie.

Le roman historique : Hugo, Vigny, Dumas, Gautier

54

QUIZ p. 117

Dans la première moitié du XIXe siècle, sous l'influence du romancier écossais Walter Scott (Ivanhoé, 1820), les romantiques développent en France la mode du roman historique.

1 *Hugo (1802-1885) et Vigny (1797-1863) : les précurseurs*

A Victor Hugo : *Bug-Jargal*

Victor Hugo, poète et dramaturge (→ FICHES 46 ET 65), inaugure le roman historique avec *Bug-Jargal* (publié en 1826), écrit à l'âge de seize ans. Viendront ensuite *Notre-Dame de Paris* (1831) et *Quatre-vingt-treize* (1874) (→ FICHE 55).

B Alfred de Vigny : *Cinq-Mars*

Alfred de Vigny, poète et dramaturge (→ FICHES 44 ET 65), relate dans son roman *Cinq-Mars* (1826) la conspiration ourdie par le jeune marquis de Cinq-Mars, favori de Louis XIII, contre Richelieu, qui le fit décapiter.

L'ESSENTIEL SUR...

CINQ-MARS

- **Une mise en scène des grands personnages de l'Histoire.**
- **Une réalité historique déformée** : en peignant son héros, Vigny se peint lui-même et exalte la noblesse humiliée par Richelieu.

2 *Dumas (1802-1870) : aventures et histoire*

Fils d'un général d'Empire, Alexandre Dumas, clerc de notaire à quatorze ans, vient chercher fortune à Paris. Dramaturge et romancier prolifique, il s'entoure de nombreux collaborateurs, dont Auguste Maquet. Ses cendres ont été transférées au Panthéon en 2002.

▶ *Les Trois Mousquetaires* (1844) relatent les aventures de Porthos, Athos, Aramis et d'Artagnan, mousquetaires du roi Louis XIII. Ils s'emploient à sauver la reine Anne d'Autriche des perfides manœuvres du cardinal de Richelieu, secrètement amoureux d'elle.

> – Et maintenant, Messieurs, dit d'Artagnan [...], tous pour un, un pour tous, c'est notre devise, n'est-ce pas ? [...] Les quatre amis répétèrent d'une seule voix la formule dictée par d'Artagnan :
> – Tous pour un, un pour tous.
>
> ■ *Les Trois Mousquetaires*, chapitre IX

▶ ***Le Comte de Monte-Cristo*** (1844) raconte l'histoire d'une vengeance. Edmond Dantès est arrêté le jour de ses fiançailles avec Mercédès, pour une faute qu'il n'a pas commise. Enfermé au château d'If durant quatorze ans, il s'en évade, prend le nom de Monte-Cristo et se venge savamment de ceux qui ont voulu détruire sa vie. Le roman s'inscrit dans le cadre de la monarchie de Juillet.

INFO Le succès des *Trois Mousquetaires* est tel que Dumas lui donne pour suite *Vingt Ans après* (1845), où les héros sont pris dans les troubles de la Fronde et les intrigues de Mazarin.

L'ESSENTIEL SUR...

LES ROMANS DE DUMAS

- Sur une **toile de fond historique**, tous les ingrédients du **roman d'aventures** : rebondissements, jalousies, trahisons, vengeances...
- Des romans préalablement **publiés en feuilleton** dans la presse, d'où la nécessité de tenir le lecteur en haleine.

3 Gautier (1811-1872) : un passé pittoresque

Théophile Gautier, poète (→ FICHE 47), est aussi l'auteur de romans et de nouvelles (→ FICHE 62).

▶ ***Le Roman de la momie*** (1858) a pour toile de fond l'ancienne Égypte. Un lord et un savant découvrent dans le tombeau d'un pharaon la momie intacte d'une très belle jeune fille, Tahoser. À côté d'elle, un papyrus explique sa présence dans le sépulcre.

▶ ***Le Capitaine Fracasse*** (1863) est un roman de cape et d'épée : sous le règne de Louis XIII, le baron de Sigognac, ruiné, s'engage dans une troupe de comédiens ambulants pour séduire Isabelle dont il est amoureux. Il joue le rôle du capitaine Fracasse.

L'œuvre romanesque de Hugo

55

? QUIZ p. 117

L'œuvre romanesque de Victor Hugo, caractérisée par sa diversité, prend en compte les données sociohistoriques de l'époque dans laquelle s'inscrit l'action.

1 *Les romans historiques*

▶ *Bug-Jargal* (1826) relate un épisode de la révolte des Noirs à Saint-Domingue en 1791. L'esclave Bug Jargal est à la tête du mouvement. Marie, la fiancée d'un colon, est enlevée…

▶ L'action de *Notre-Dame de Paris* (1831) se déroule au XVe siècle. La jeune bohémienne Esméralda danse sur le parvis de la cathédrale Notre-Dame de Paris. Claude Frollo, l'archidiacre (le chef des prêtres), et Quasimodo, le sonneur de cloche bossu et sourd, tombent sous son charme. Mais elle leur préfère un beau capitaine, Phœbus. Frollo, jaloux, poignarde le capitaine et laisse accuser Esméralda de l'assassinat. Elle est pendue. Pour la venger, Quasimodo précipite Frollo du haut des tours de la cathédrale.

> Elle dansait, elle tournait, elle tourbillonnait sur un vieux tapis de Perse, jeté négligemment sous ses pieds ; et chaque fois qu'en tournoyant sa rayonnante figure passait devant vous, ses grands yeux noirs vous jetaient un éclair. […] c'était une surnaturelle créature.
>
> ■ *Notre-Dame de Paris*, livre II, chapitre 3

▶ *Quatrevingt-treize* (1874) évoque les combats de la Révolution en Vendée. Le marquis de Lantenac, chef royaliste, affronte Cimourdain, un révolutionnaire intransigeant envoyé par Paris pour s'opposer à la clémence de Gauvain, le chef de l'armée républicaine, qui n'est autre que le neveu de Lantenac. Au cours des combats, trois enfants sont pris en otage…

L'ESSENTIEL SUR…

LES ROMANS HISTORIQUES DE VICTOR HUGO

• **Des romans à dimension épique** : l'art de ressusciter le passé, d'animer foules et objets et de dresser des tableaux dramatiques saisissants.

• **Des romans populaires**, avec des personnages antithétiques, des péripéties, des reconnaissances.

2 Les romans engagés

▶ *Le Dernier Jour d'un condamné* (1828) se présente comme le journal intime d'un condamné à mort : il raconte son procès et son emprisonnement, jusqu'au moment précis de son exécution.

> Condamné à mort !
> Voilà cinq semaines que j'habite avec cette pensée, toujours seul avec elle, toujours glacé de sa présence, toujours courbé sous son poids !
>
> ■ *Le Dernier Jour d'un condamné*, chapitre 1

L'ESSENTIEL SUR...

LE DERNIER JOUR D'UN CONDAMNÉ

- **Une forme originale** : le journal intime fictif qui favorise l'identification du lecteur.
- **Un violent réquisitoire contre la peine de mort** et la justice.

▶ *Les Misérables* (1862) racontent le parcours de Jean Valjean, un forçat évadé condamné au bagne pour le vol d'un pain. Devenu un riche industriel, il croise Fantine, une prostituée, qui a dû mettre sa petite fille, Cosette, en pension chez un couple d'aubergistes, les Thénardier ; mais ceux-ci martyrisent la fillette. Jean Valjean, que traque sans repos le policier Javert, réussit à assurer le bonheur de Cosette.

> C'était une chose navrante de voir, l'hiver, ce pauvre enfant, qui n'avait pas encore six ans, grelottant sous de vieilles loques de toile trouées, balayer la rue avant le jour avec un énorme balai dans ses petites mains rouges et une larme dans ses grands yeux.
> Dans le pays on l'appelait l'Alouette. [...]
> Seulement la pauvre alouette ne chantait jamais.
>
> ■ *Les Misérables*, Ire partie, livre IV, chapitre 3

L'ESSENTIEL SUR...

LES MISÉRABLES

- **Une vaste fresque** du Paris des années 1815-1830, peuplée de **figures emblématiques** (Gavroche, le gamin parisien ; le couple Thénardier).
- **Un plaidoyer social** : les « misérables » sont ceux que la misère matérielle conduit à la misère morale (voleurs, prostituées, criminels...).
- **Un acte d'accusation contre la société**, indifférente au sort des malheureux et du peuple.

Le roman réaliste (1) : Stendhal

56

QUIZ p. 117

Au confluent du romantisme et du réalisme, Stendhal s'est voulu le chroniqueur de la société de la Restauration et de la monarchie de Juillet. Son talent se révèle en particulier dans l'analyse des sentiments.

1 *« Henri Beyle, Milanais » (1783-1842)*

▶ Henri Beyle, dit Stendhal, né à Grenoble, passe une enfance solitaire entre un père veuf et une tante dévote. Passionné par les mathématiques, il fait des études d'ingénieur.

▶ En 1800, il participe à la campagne d'Italie et rejoint l'armée de Bonaparte. L'Italie le fascine : il y découvre l'amour, la musique, la liberté. Il partage sa vie entre Paris et Milan et occupe le poste de consul à Civitavecchia (États du pape). Cette fonction lui laisse le loisir d'écrire.

▶ Il dédie son œuvre aux *« happy few »*, aux quelques heureux capables de l'apprécier. Sur sa tombe, il fait inscrire : « Henri Beyle, Milanais ».

2 *Essais et romans*

A Essais et écrits autobiographiques

▶ Dans ***De l'amour*** (1822), Stendhal étudie les étapes de la naissance du sentiment amoureux et décrit le phénomène de la **« cristallisation »** qui consiste à parer l'être aimé de mille perfections. Il utilise l'image d'un rameau d'arbre effeuillé : plongé dans les mines de sel de Salzbourg, il en sort recouvert de mille cristaux brillants.

> Ce que j'appelle cristallisation, c'est l'opération de l'esprit, qui tire de tout ce qui se présente la découverte que l'objet aimé a de nouvelles perfections.
>
> ■ « Le promeneur de Salzbourg », *De l'amour*, chapitre IV

▶ Dans la ***Vie de Henry Brulard*** (rédaction 1834-1836), Stendhal fait un retour sur ses souvenirs d'enfance, tragiquement marqués par la mort précoce de sa mère.

B Les romans

> **INFO** L'intrigue du roman *Le Rouge et le Noir* s'inspire d'un fait divers de l'époque : le procès d'Antoine Berthet, un séminariste condamné à mort par les assises de l'Isère pour l'assassinat de sa maîtresse, l'épouse du notable qui l'avait engagé comme précepteur.

▶ ***Le Rouge et le Noir*** (1830) raconte la tragique ascension sociale de Julien Sorel, un jeune paysan timide et ambitieux. Engagé comme précepteur par le maire de Verrières, en Franche-Comté, il s'éprend de son épouse, la vertueuse Mme de Rênal, dont il devient l'amant. Mais, dénoncé à M. de Rênal, il doit partir. Employé à Paris comme secrétaire du marquis de La Mole, il séduit sa fille, Mathilde…

> Madame de Rênal sortait par la porte-fenêtre du salon qui donnait sur le jardin, quand elle aperçut près de la porte d'entrée la figure d'un jeune paysan presque encore enfant, extrêmement pâle et qui venait de pleurer.
>
> ■ *Le Rouge et le Noir*, I, 6

▶ ***La Chartreuse de Parme*** (1839) est le roman de la passion. Fabrice del Dongo, jeune noble milanais admirateur de Napoléon, rejoint les armées françaises à Waterloo. De retour en Italie, il trouve sa tante, la belle duchesse de Sanseverina, à la cour de Parme. Après avoir tué un homme en duel, il est incarcéré dans la tour Farnèse ; il s'éprend de Clélia Conti, la fille du gouverneur de la prison, qu'il aperçoit de sa lucarne. Aidé par sa tante, il parvient à s'évader, retrouve Clélia, mais le fils né de leur union meurt. Clélia ne lui survit pas. Fabrice se retire à la Chartreuse de Parme.

> Si je parviens seulement à la voir, je suis heureux… Non pas, se dit-il, il faut aussi qu'elle voie que je la vois.
>
> ■ *La Chartreuse de Parme*, chapitre XVIII

L'ESSENTIEL SUR…

LES ROMANS DE STENDHAL

- **Des héros romantiques** au caractère passionné et énergique, avides de bonheur.
- **Un souci de réalisme** : le roman est un « miroir que l'on promène le long d'un chemin ».
- Un récit émaillé de **commentaires amusés** du narrateur.
- **Une langue simple et sèche**, prenant modèle sur le Code civil.

Le roman réaliste (2) : Balzac

57

QUIZ p. 117

Avec* La Comédie humaine*, Balzac renouvelle le genre du roman en donnant vie à une société peuplée de plus de deux mille personnages.

1 Une formidable puissance créatrice

▶ Né à Tours, Honoré de Balzac (1799-1850) fait son droit à Paris, mais il choisit la carrière littéraire. À vingt-trois ans, il se lie avec Mme de Berny, la « Dilecta », âgée de quarante-cinq ans, qui lui apporte amour et réconfort.

▶ Travailleur infatigable, toujours accablé de dettes, il écrit sans relâche : quatre-vingt-quinze romans, regroupés sous le titre *La Comédie humaine*. Trois mois avant sa mort, il épouse Mme Hanska, « l'Étrangère », une comtesse polonaise avec qui il entretenait une liaison depuis 1832.

2 Les principaux romans de La Comédie humaine

Ils sont répartis en trois volets : les *Études de mœurs*, subdivisées en scènes (« Scènes de la vie militaire, de la vie privée, de la vie de province… »), les *Études philosophiques*, les *Études analytiques*.

A Les Études de mœurs

▶ *Les Chouans* (1829) content l'amour du marquis de Montauran, un jeune chef chouan, pour Marie de Verneuil, une espionne chargée par les républicains de le séduire. Mais elle s'éprend de lui…

> INFO Insurgés royalistes de Bretagne et de Vendée, les chouans (de *chouette*, dont ils imitent le cri pour communiquer), entre 1793 et 1795, mènent une guerre de partisans contre la Révolution.

▶ *Le Colonel Chabert* (1832) raconte l'histoire de Chabert, héros des armées napoléoniennes, laissé pour mort à la bataille d'Eylau. De retour en France dix ans plus tard, il tente de recouvrer son identité et ses biens, mais son épouse, remariée, refuse de le reconnaître. Démuni, il mourra à l'hospice.

▶ *Eugénie Grandet* (1833) raconte l'histoire d'Eugénie, la fille du richissime père Grandet, un avare forcené. Une lumière éclaire sa triste vie : l'arrivée de son cousin, dont elle tombe amoureuse…

▶ ***Le Père Goriot*** (1834-1835) relate le parcours d'Eugène de Rastignac, jeune provincial sans fortune venu faire ses études à Paris en 1819. Dans la pension Vauquer, il rencontre le père Goriot, un vieux commerçant qui se ruine pour ses deux filles, et un personnage inquiétant, Vautrin. Il fera au cours du roman son apprentissage de la vie parisienne.

> Bientôt la veuve *[Mme Vauquer]* se montre, attifée de son bonnet de tulle sous lequel pend un tour de faux cheveux mal mis ; elle marche en traînassant ses pantoufles grimacées. [...] toute sa personne explique la pension, comme la pension implique la personne.
>
> ■ *Le Père Goriot*, chapitre 1

▶ ***Le Lys dans la vallée*** (1835) se présente sous la forme d'une longue lettre : Félix de Vandenesse raconte à sa future épouse l'amour qu'il éprouva dans sa jeunesse pour la vertueuse Mme de Mortsauf, dans le cadre idyllique de la vallée de l'Indre.

> Sa robe de percale produisait le point blanc que je remarquai dans ses vignes [...]. Elle était, comme vous le savez déjà, sans rien savoir encore, LE LYS DE CETTE VALLÉE.
>
> ■ *Le Lys dans la vallée*, I

▶ ***Illusions perdues*** (1837-1843) est le récit d'un désenchantement, celui de Lucien de Rubempré, un jeune provincial ambitieux qui va chercher fortune à Paris.

B Les *Études philosophiques*

La Peau de chagrin (1831) revêt une dimension fantastique. Raphaël de Valentin acquiert une peau de chagrin (cuir) au pouvoir magique : elle exauce tous les désirs mais, à chaque souhait réalisé, elle rétrécit ; et lorsqu'elle sera épuisée, Raphaël mourra.

L'ESSENTIEL SUR...

LA COMÉDIE HUMAINE

- **Une œuvre foisonnante** : plus de deux mille personnages, déchirés par les ambitions et les passions, vont et viennent d'un roman à l'autre.
- **Une vaste fresque de la société sous la Restauration et la monarchie de Juillet**, avec son amour de l'argent et du pouvoir.
- **Des descriptions minutieuses** des lieux et des personnages, reposant sur une **observation** précise de la réalité.

Le roman réaliste (3) : Flaubert

58

QUIZ p. 117

Flaubert engage le roman dans la voie de l'observation méthodique et objective. Il réagit contre la tendance romantique à mettre en scène des personnages exceptionnels, préférant s'intéresser aux êtres ordinaires ou médiocres.

1 L'ermite de Croisset

▶ Fils d'un chirurgien de l'hôpital de Rouen, Gustave Flaubert (1821-1880) se met à écrire très jeune. À quinze ans, il rencontre Élisa Schlésinger, une femme mariée dont il s'éprend, qui deviendra Mme Arnoux dans *L'Éducation sentimentale*.

▶ Il poursuit à Paris des études de droit, fait un long voyage en Orient puis se fixe dans la propriété familiale de Croisset, près de Rouen, où il se consacre à l'écriture.

▶ En 1857, son roman *Madame Bovary* est poursuivi en justice pour « immoralité ». Acquitté, l'écrivain devient célèbre.

2 L'œuvre de Flaubert

Elle comporte peu d'ouvrages.

> INFO Le *bovarysme*, du nom de l'héroïne de Flaubert, mot créé par Jules de Gaultier à la fin du XIXe siècle, est défini comme « le pouvoir qu'a l'homme de se concevoir autre qu'il n'est ».
> Il désigne aujourd'hui un état d'insatisfaction existentielle.

▶ ***Madame Bovary*** (1857) est l'histoire d'Emma Rouault, fille d'un paysan normand. Élevée au couvent, rêveuse, elle croit pouvoir satisfaire ses aspirations romanesques en épousant Charles Bovary, médecin de campagne. Mais, vite déçue par son mari et la vie médiocre qu'il lui propose, elle s'évade dans un double adultère et finit par se suicider.

> Elle n'était pas heureuse, ne l'avait jamais été. D'où venait donc cette insuffisance de la vie, cette pourriture instantanée des choses où elle s'appuyait ?…
>
> ■ *Madame Bovary*, IIIe partie, chapitre 6

▶ ***Salammbô*** (1862) a pour cadre la Carthage du IIIe siècle av. J.-C. et raconte les amours impossibles de Salammbô, fille du général carthaginois Hamilcar, et du chef des Barbares, Mâtho.

▶ ***L'Éducation sentimentale*** (1869) est un roman d'apprentissage construit autour des ambitions et des échecs de Frédéric Moreau : échec dans sa carrière littéraire, échec sentimental puisque la passion qui l'unit à Mme Arnoux demeure inaccomplie, mais aussi échec politique, avec celui de la révolution de 1848.

> *[Frédéric Moreau rencontre Mme Arnoux sur le bateau qui va de Paris à Nogent-sur-Seine. Il ramasse son châle.]*
> Mais, entraîné par les franges, il glissait peu à peu, il allait tomber dans l'eau. Frédéric fit un bond et le rattrapa. Elle lui dit :
> – Je vous remercie, monsieur.
> Leurs yeux se rencontrèrent.
> ■ *L'Éducation sentimentale*, Ire partie, chapitre 1

▶ Le recueil des ***Trois Contes*** (1877) oscille entre réalisme et romantisme.

- **« Un cœur simple »** est le récit d'une vie obscure, celle de Félicité, servante à Pont-l'Évêque. Elle reporte toute son affection sur Loulou, un perroquet.
- **« La légende de saint Julien l'Hospitalier »** retrace la rédemption de Julien, un chasseur cruel et violent. Un soir, il sauve un lépreux et celui-ci, qui n'est autre que Jésus, l'emmène au ciel.
- Dans **« Hérodias »**, Hérode Antipas a fait emprisonner Jean-Baptiste, qui blâme son union avec Hérodias, sa nièce. Lors d'un festin, Hérode est séduit par la danse érotique de Salomé, la fille d'Hérodias, à qui il a promis d'accorder ce qu'elle voudrait. Elle lui demande la tête de Jean-Baptiste, qu'il fait décapiter.

L'ESSENTIEL SUR...

L'ŒUVRE DE FLAUBERT

- **Un romantisme assagi** : Flaubert réfrène son tempérament romantique pour rendre compte du réel au moyen d'une écriture sans effusion.
- **Une peinture pessimiste et ironique** de la banalité du quotidien, où s'enlisent des héros médiocres.
- **Un travail acharné sur le style** : Flaubert soumet son texte à l'épreuve du « gueuloir », en le déclamant à haute voix.

Le roman naturaliste : Zola

59

? QUIZ p. 117

L'ambition de Zola est de dépeindre la société du Second Empire dans une perspective naturaliste* : il montre comment l'homme est façonné par son milieu, son hérédité et sa physiologie.

1 *Un écrivain engagé dans son temps*

▸ Orphelin de père, Émile Zola (1840-1902), né à Paris, passe son enfance à Aix-en-Provence. Revenu à Paris, après deux échecs au baccalauréat, il entre à la librairie Hachette comme chef de publicité. Il fréquente les peintres et les écrivains, devient journaliste et se met à écrire, entreprenant le cycle des *Rougon-Macquart*.

▸ Ses prises de position dreyfusardes font de lui un **défenseur des droits de l'homme** : le 13 janvier 1898, il lance son fameux **« J'accuse »** dans le journal *L'Aurore*, s'attirant des ennemis acharnés. Il meurt asphyxié dans son appartement parisien, sans doute à la suite d'une manœuvre criminelle.

2 *Le cycle des* Rougon-Macquart

> INFO 15 octobre 1894 : le capitaine Dreyfus, officier juif de l'armée française, est injustement accusé d'espionnage au profit de l'Allemagne. Dégradé et déporté en Guyane, il est innocenté et réhabilité en 1906.

Après ***Thérèse Raquin*** (1867), roman naturaliste qui raconte un crime passionnel, Zola se lance dans le chantier des *Rougon-Macquart* (1871-1893) : les vingt romans de cette **« Histoire naturelle et sociale d'une famille sous le Second Empire »** retracent le destin d'une famille marquée par une hérédité névrotique et alcoolique, et dressent un panorama de la société sous Napoléon III (1852-1870). Voici les principaux romans de la série.

▸ ***L'Assommoir*** (1877), peinture de « la déchéance fatale d'une famille ouvrière » : Gervaise Macquart, blanchisseuse, et son mari Coupeau, ouvrier zingueur, sombrent peu à peu dans l'alcoolisme et la misère. Centré sur le cabaret *L'Assommoir*, le roman décrit les effets de l'alcool sur les protagonistes.

▶ ***Au Bonheur des Dames*** (1883) se réfère aux mutations économiques du Second Empire : le grand magasin *Au Bonheur des Dames* est en pleine expansion grâce au génie commercial de son patron, Octave Mouret. Mais ce grand séducteur est tenu en échec par Denise, une jeune vendeuse timide qu'il finira par épouser.

▶ ***Germinal*** (1885) est le roman de la mine : Étienne Lantier trouve du travail dans une mine du Nord de la France. Il tombe amoureux d'une ouvrière, Catherine Maheu. Révolté par les conditions de vie des mineurs, il organise une grève qui dure plusieurs mois.

> Cette fosse, tassée au fond d'un creux, avec ses constructions trapues de briques, dressant sa cheminée comme une corne menaçante, lui semblait avoir un air mauvais de bête goulue, accroupie là pour manger le monde.
>
> ■ *Germinal*, première partie, chapitre 1

▶ ***La Bête humaine*** (1890) a pour cadre le monde ferroviaire. Le mécanicien Jacques Lantier aime sa locomotive, la *Lison*, plus qu'il n'aimerait une femme. Victime de la « fêlure » héritée de sa famille, une pulsion meurtrière incontrôlable le pousse à tuer sa maîtresse.

> Et il en venait à penser qu'il payait pour les autres, les pères, les grands-pères, qui avaient bu, les générations d'ivrognes dont il était le sang gâté, un lent empoisonnement, une sauvagerie qui le ramenait avec les loups mangeurs d'hommes, au fond des bois.
>
> ■ *La Bête humaine*, chapitre 2

L'ESSENTIEL SUR...

L'ŒUVRE DE ZOLA

- **Une œuvre à ambition scientifique** qui s'appuie sur une documentation précise.
- **La fresque d'une époque** en pleine mutation économique et sociale, et l'attention portée aux **milieux populaires**.
- **Un réalisme visionnaire** à dimension **épique** avec des objets métaphoriques saisissants (l'alambic de *L'Assommoir*, la locomotive de *La Bête humaine*, le puits de mine de *Germinal*...).
- **Un écrivain engagé**, enthousiasmé par le progrès mais révolté par les injustices sociales.

Le réalisme dans les romans de Maupassant

60

QUIZ p. 117

Dans la Préface de Pierre et Jean, Maupassant exprime sa conception du réalisme : cerner la réalité au plus près, en choisir les traits les plus marquants afin de donner l'illusion de la vie.

1 *Maupassant (1850-1893) : un écrivain normand*

▶ Né au château de Miromesnil près de Dieppe, Guy de Maupassant passe une enfance heureuse entre la campagne et la mer. Après des études de droit, il devient fonctionnaire à Paris et, le dimanche, fait de joyeuses parties de canotage sur la Seine.

▶ Poussé par Flaubert, son maître et ami, il écrit des romans et plus de trois cents nouvelles (→ FICHE 62). Mais il est atteint de troubles mentaux qui le conduisent à la folie.

2 *L'œuvre romanesque*

Maupassant a écrit six romans, parmi lesquels *Une vie*, *Bel-Ami*, *Pierre et Jean*.

▶ *Une vie* (1883) raconte les désillusions de Jeanne : trompée par son mari Julien de Lamare, elle place tous ses espoirs dans son fils qui, lui aussi, la déçoit. Mais une petite fille naît…

▶ *Bel-Ami* (1885) retrace l'ascension sociale fulgurante de Georges Duroy, un séducteur sans scrupules qui utilise les femmes pour forcer « les portes du monde ».

> *[Son ami Forestier lui donne des conseils.]*
> – Dis-donc, mon vieux, sais-tu que tu as vraiment du succès auprès des femmes ? Il faut soigner ça ! Ça peut te mener loin. [...] C'est encore par elles qu'on arrive le plus vite.
> ■ *Bel-Ami*, chapitre 1

▶ Dans *Pierre et Jean* (1888), Pierre ne comprend pas pourquoi un ami de la famille a légué sa fortune à Jean, son frère cadet.

L'ESSENTIEL SUR...

LES ROMANS DE MAUPASSANT

- **La peinture cruelle et colorée** d'une humanité lâche et médiocre.
- **Une dénonciation** de l'hypocrisie et de l'arrivisme.

Roman et autobiographie : Vallès, Renard

61

? QUIZ p. 117

Le choix du roman autobiographique permet aux écrivains d'emprunter des chemins détournés pour se livrer à l'écriture de soi.

1 Jules Vallès (1832-1885) : la révolte

▶ Vallès a souffert du manque d'affection de ses parents. À seize ans, il participe à la révolution de 1848 à Nantes. Devenu écrivain et journaliste, il prend part aux événements de la Commune à Paris.

> INFO Le roman autobiographique mêle fiction et souvenirs. Le personnage principal ne porte généralement pas le même nom que l'auteur.

▶ *L'Enfant* (1879), *Le Bachelier* (1881), *L'Insurgé* (1886) constituent une trilogie romanesque à caractère autobiographique dans laquelle Jacques Vingtras (Jules Vallès), un enfant élevé à la dure, fait le récit de ses études ratées et de son engagement révolutionnaire.

> Je ne me rappelle pas une caresse du temps où j'étais enfant ; [...] j'ai été beaucoup fouetté.
>
> ■ *L'Enfant*, chapitre 1

L'ESSENTIEL SUR...

L'ŒUVRE DE VALLÈS

- **Des souvenirs** livrés sous la forme d'une succession d'anecdotes.
- **Une fresque de la société** : école, vie paysanne, Commune…
- **Une œuvre de révolte** contre l'injustice de la société bourgeoise.

2 Jules Renard (1864-1910) : humour et pessimisme

▶ Né dans la Nièvre, il devient journaliste et écrivain.

▶ *Poil de carotte* (1894), roman largement autobiographique, raconte l'histoire d'un enfant aux cheveux roux, rudoyé par sa famille.

L'ESSENTIEL SUR...

POIL DE CAROTTE

- **La création d'un type** : celui de l'enfant mal aimé.
- **Une ironie amère**, au bord de l'émotion.

Nouvelles réalistes et fantastiques 62

QUIZ p. 117

À côté du roman fleurissent les genres plus courts du conte et de la nouvelle, réalistes ou fantastiques.

1 Nouvelles réalistes

A Prosper Mérimée (1803-1870)

Inspecteur des monuments historiques, il est aussi écrivain.

▶ *Colomba* (1840) est l'histoire d'une jeune Corse indomptable, Colomba, qui conjure son frère Orso de venger leur père assassiné.

▶ *Carmen* (1845) relate l'amour fatal du brigadier don José pour la bohémienne Carmen.

B Guy de Maupassant (1850-1893)

Maupassant (→ FICHE 60) a écrit environ trois cents nouvelles, regroupées dans des recueils (*Contes de la Bécasse*, 1883 ; *Contes du jour et de la nuit*, 1885…).

▶ « Boule-de-Suif » (1880) relate l'humiliation infligée à une prostituée, Boule-de-Suif, par les bourgeois pour lesquels elle s'est sacrifiée en cédant à un officier prussien qui les retenait en otage.

▶ Dans « La parure » (1885), Mathilde Loisel et son mari s'endettent et travaillent pendant dix ans pour rembourser un collier qui leur avait été prêté et qu'elle a perdu. Or, le bijou était faux…

2 Nouvelles fantastiques

A Charles Nodier (1780-1844)

▶ Instable et exalté, Nodier se réfugie dans le monde du rêve.

▶ Dans *La Fée aux miettes* (1832), Michel fait l'aumône à une vieille mendiante surnommée « La Fée aux miettes », à qui il promet le mariage. Commencent alors des aventures cauchemardesques… Est-il devenu fou ?

B Prosper Mérimée (1803-1870)

La Vénus d'Ille (1837) : à Ille, au Pays basque, un antiquaire trouve dans son jardin une Vénus de bronze. Or, à la suite de circonstances étranges, son fils est retrouvé mort le matin de ses noces. Est-ce l'œuvre de la Vénus ?

C Théophile Gautier (1811-1872)

Théophile Gautier, poète et romancier (→ FICHES 47 ET 54), est aussi nouvelliste. Il excelle dans le genre fantastique.

▶ Dans *La Cafetière* (1831), le narrateur, invité à passer la nuit chez des amis, voit les personnages d'un tableau sortir du cadre et se mettre à danser. Rêve-t-il ?

▶ *Arria Marcella* (1852) : Octavien admire au musée de Pompéi un buste de femme moulé dans la cendre. Le soir, dans les rues de la cité antique, il aperçoit, bien vivante, la belle Pompéienne du musée.

D Villiers de L'Isle-Adam (1838-1889)

▶ Descendant d'une famille aristocratique bretonne, Villiers de L'Isle-Adam vit dans le dénuement et écrit des contes fantastiques.

▶ *Contes cruels* (1883), parmi lesquels **« Véra »** : le comte d'Athol vient de perdre sa femme, Véra. Mais la puissance de son amour est telle qu'il la ramène (ou croit la ramener) un instant à la vie.

E Guy de Maupassant (1850-1893)

▶ **« Qui sait ? »** (1890) : Un homme, en rentrant du théâtre, voit ses meubles sortir de sa maison…

▶ *Le Horla* (1887) aborde le **thème du double** : le narrateur sent à ses côtés une présence invisible, le Horla.

> Or, ayant dormi environ quarante minutes, je rouvris les yeux [...] tout à coup, il me sembla qu'une page du livre resté ouvert sur ma table venait de tourner toute seule. [...] je compris qu'il était là [...].
>
> ■ *Le Horla*

L'ESSENTIEL SUR…

LES NOUVELLES FANTASTIQUES

- **Le doute, clé du fantastique** : le lecteur ne peut choisir entre une explication surnaturelle et une explication rationnelle des faits.
- **Des histoires inquiétantes**, fondées sur la peur.

Le roman policier et le roman d'aventures : Gaboriau, Verne, Loti

63

QUIZ p. 117

Le genre policier naît au XIXe siècle, en même temps que s'épanouit, avec Jules Verne, la vogue du roman d'aventures à dimension scientifique.

1 Le roman policier : Gaboriau, un pionnier

Émile Gaboriau (1832-1873), feuilletoniste au *Petit Journal*, est le premier représentant en France du roman policier.

> INFO *Double Assassinat dans la rue Morgue* (1841), de l'Américain Edgar Poe, marque l'origine du roman policier.

▶ *L'Affaire Lerouge* (1866) s'inspire d'un fait divers. La riche veuve Lerouge est retrouvée morte dans sa maison de Bougival. Tabaret, alias Tirauclair, résout l'énigme. Apparaît dans le roman l'agent Lecoq qui deviendra un inspecteur célèbre.

> – [...] L'assassin [...] portait, ce soir-là, un chapeau à haute forme, il avait un parapluie et fumait un trabucos avec un porte-cigare...
> – Par exemple ! s'écria Gévrol, c'est trop fort !
> – Trop fort, peut-être, riposta le père Tabaret, en tout cas c'est la vérité. Si vous n'êtes pas minutieux, vous, je n'y puis rien, mais je le suis, moi. Je cherche et je trouve.
>
> ■ *L'Affaire Lerouge*, chapitre II

▶ *Le Crime d'Orcival* (1867) : un matin, dans la petite commune d'Orcival, deux braconniers découvrent le corps ensanglanté de la comtesse de Trémorel…

▶ *Monsieur Lecoq* (1869) : un crime odieux a été commis dans un cabaret parisien mal famé. Après une filature, l'inspecteur Lecoq arrête un étrange saltimbanque…

L'ESSENTIEL SUR...

LES ROMANS DE GABORIAU

- **Des romans de détection** : un mystère à résoudre, un enquêteur perspicace, précurseur français de Sherlock Holmes.
- **La méthode hypothético-déductive** : recherche et analyse d'indices matériels, déductions, filatures…
- **La peinture de différents milieux** : une critique sociale déguisée.

2 Le roman d'aventures : Jules Verne et Pierre Loti

Le roman d'aventures, mis à l'honneur par Alexandre Dumas (→ FICHE 54), devient, avec Jules Verne, un hymne à la science et, avec Pierre Loti, une ouverture sur l'aventure, l'exotisme et le rêve.

A Jules Verne (1828-1905) : le roman de la science

Né à Nantes, Jules Verne devient agent de change à Paris. En 1862, il apporte *Cinq Semaines en ballon* (premier roman de la série des *Voyages extraordinaires*, qui comprendront soixante-cinq volumes), à l'éditeur Hetzel avec qui il signe un contrat de vingt ans.

▶ ***Vingt Mille Lieues sous les mers*** (1870) : une expédition part à la recherche d'un monstre marin qui n'est autre qu'un sous-marin, le *Nautilus*, aux mains du solitaire et mystérieux capitaine Nemo.

▶ ***Le Tour du monde en quatre-vingts jours*** (1873) : un gentleman anglais, Philéas Fogg, fait le pari d'effectuer le tour du monde en quatre-vingts jours. Il part avec son domestique, Passepartout…

> – Donc [...] puisque c'est aujourd'hui mercredi 2 octobre, je devrai être de retour à Londres, dans ce salon même du Reform-Club, le samedi 21 décembre, à huit heures quarante-cinq du soir, faute de quoi les vingt mille livres [...] vous appartiendront de fait et de droit, messieurs.
>
> ■ *Le Tour du monde en quatre-vingts jours*, chapitre III

L'ESSENTIEL SUR…

LES ROMANS DE JULES VERNE

- **Un hymne au progrès**, accompagné d'une mise en garde contre ses dangers s'il n'est pas maîtrisé.
- **Une utilisation romanesque de la science**, ressort de l'intrigue.

B Pierre Loti (1850-1923) : l'appel de la mer

Julien Viaud, reçu à l'École navale en 1867, navigue sur toutes les mers du monde. Ses romans évoquent la Turquie (*Aziyadé*, 1879), l'Afrique (*Le Roman d'un spahi*, 1881), le Japon (*Madame Chrysanthème*, 1887). Mais aussi la Bretagne et la vie des marins (*Pêcheur d'Islande*, 1886), ou encore le Pays basque (*Ramuntcho*, 1897).

INFO C'est à Tahiti que l'écrivain reçoit le surnom de « Loti », nom d'une fleur tropicale, qu'il adopte comme pseudonyme.

Quiz express

Vérifiez que vous avez bien retenu les points importants.

fiches 54 à 60, 62, 63, 69

64

Le roman au XIXe siècle

1 Les personnages de roman

Replacez chaque personnage dans le roman auquel il appartient.

1. Le capitaine Nemo	•	•	a. *Le Comte de Monte-Cristo*
2. Cosette	•	•	b. *Le Rouge et le Noir*
3. Rastignac	•	•	c. *Les Misérables*
4. Julien Sorel	•	•	d. *Vingt Mille Lieues sous les mers*
5. Edmond Dantès	•	•	e. *Le Père Goriot*
6. Emma Rouault	•	•	f. *Germinal*
7. Catherine Maheu	•	•	g. *Madame Bovary*

2 Le naturalisme

Cochez la bonne réponse.

- ☐ a. Un roman naturaliste a pour cadre la nature.
- ☐ b. Zola est un romancier naturaliste.
- ☐ c. *Le Lys dans la vallée* est un roman naturaliste.

3 Registre fantastique, registre réaliste

	Vrai	Faux
1. Maupassant n'a écrit que des nouvelles réalistes.	☐	☐
2. L'action de *La Vénus d'Ille* se déroule à Pompéi, dans l'Antiquité.	☐	☐
3. Le fantastique est fondé sur le principe d'hésitation.	☐	☐
4. Le réalisme de Maupassant consiste à donner l'illusion du réel.	☐	☐

4 Qui a dit ?

« Tous pour un, un pour tous » est la devise :

- ☐ a. du comte de Monte-Cristo
- ☐ b. des mousquetaires dans le roman de Dumas
- ☐ c. de Jean Valjean

Corrigés !

Score : ... / 13

1 *Les personnages de roman*

Fiches 54 à 59, 63

1. **d.** – 2. **c.** – 3. **e.** – 4. **b.** – 5. **a.** – 6. **g.** – 7. **f.**

2 *Le naturalisme*

Fiches 59, 69

Réponse b. Le roman naturaliste s'appuie sur une analyse de la nature humaine (tempérament, hérédité, dans un milieu donné).

Le Lys dans la vallée est une œuvre de Balzac, romancier réaliste. Le lys désigne, de façon métaphorique, la pure et vertueuse Mme de Mortsauf qui vit dans la vallée de l'Indre.

3 *Registre fantastique, registre réaliste*

Fiches 60, 62, 69

1. **Faux.** Maupassant a également écrit des nouvelles fantastiques (*Le Horla*, *Qui sait ?*...).

2. **Faux.** L'action de *La Vénus d'Ille* se déroule au XIXe siècle, à Ille, au Pays basque.

3. **Vrai.** Le fantastique est fondé sur le principe que le lecteur ne peut choisir entre une explication rationnelle et une explication surnaturelle des faits.

4. **Vrai.** Dans la Préface de *Pierre et Jean* (1888), Maupassant exprime sa conception du réalisme : cerner la réalité au plus près, en choisir les traits les plus marquants afin de donner l'illusion de la vie.

4 *Qui a dit ?*

Fiche 54

Réponse b. « Tous pour un, un pour tous » est la devise des mousquetaires dans le roman de Dumas. Elle met en avant les valeurs de solidarité.

Le drame romantique : Hugo, Vigny, Musset

65

QUIZ p. 125

Les jeunes écrivains romantiques, épris de liberté, rejettent les règles du théâtre classique, et créent le drame romantique.

1 *Hugo (1802-1885) : la liberté de l'art*

A Les principes du drame romantique

Hugo, poète, romancier (→ FICHES 46, 54, 55) et dramaturge, expose les principes du drame romantique dans la Préface de *Cromwell* (1827) :

– **sujets empruntés à l'Histoire**, **couleur locale**, luxe des décors ;
– **abandon des règles** : plus d'unité de temps ni de lieu, intrigues romanesques, invraisemblances… ;
– **mélange des registres**, grotesque et sublime, comique et tragique.

B Deux drames : *Hernani* et *Ruy Blas*

▶ ***Hernani*** (1830) conte l'histoire de l'amour impossible entre le hors-la-loi Hernani et doña Sol, courtisée par le roi don Carlos (futur Charles Quint) et par son oncle, le vieux duc don Ruy Gomez.

> INFO Le 25 février 1830, la première d'*Hernani* donne lieu à une bataille mémorable entre les romantiques (les modernes), menés par Gautier en gilet rouge, et les classiques (les anciens).

▶ Dans ***Ruy Blas*** (1838), don Salluste de Bazan, disgracié par la reine, charge son valet Ruy Blas de la séduire en se faisant passer pour son cousin, don César. Ruy Blas, amoureux de la reine, accepte mais il est victime des machinations de son maître.

> J'ai l'habit d'un valet et vous en avez l'âme.
>
> ■ *Ruy Blas*, V, 3

L'ESSENTIEL SUR…

LE THÉÂTRE DE HUGO

- **Des intrigues** romanesques et politiques.
- **Des héros** animés de passions violentes.

2 Vigny (1797-1863) : idéal et réalité

▶ Vigny (→ FICHES 44 ET 54) est l'auteur d'un drame, *Chatterton*.

▶ *Chatterton* (1835) oppose un jeune poète idéaliste à une société bourgeoise matérialiste, incarnée par l'odieux John Bell. Incompris et souffrant en outre d'un amour impossible pour Kitty, l'épouse de Bell, il brûle ses manuscrits et se suicide.

3 Musset (1810-1857) : la comédie dramatique

Musset, poète et romancier (→ FICHES 45 ET 53), a écrit des comédies dramatiques et un drame, *Lorenzaccio*.

A Les comédies dramatiques

▶ *Les Caprices de Marianne* (1833) : le timide Cœlio aime Marianne, l'épouse du vieux Claudio. Mais elle lui préfère Octave, ami de Cœlio et libertin. Octave obtient de la belle un rendez-vous où Cœlio prend sa place.

> OCTAVE. – Cœlio est le meilleur de mes amis [...] et je vous dirai qu'il est triste comme la mort, depuis le jour où il vous a vue.
>
> MARIANNE. – Est-ce ma faute s'il est triste ?
>
> OCTAVE. – Est-ce sa faute si vous êtes belle ?
>
> ■ *Les Caprices de Marianne*, I, 1

▶ *On ne badine pas avec l'amour* (1834) : Perdican, pour exciter la jalousie de Camille, s'amuse à courtiser Rosette, une paysanne. Mais le jeu est dangereux, et Rosette en meurt.

B *Lorenzaccio* (1884)

À Florence, en 1537, Lorenzo de Médicis (surnommé avec mépris « Lorenzaccio »), autrefois vertueux, est devenu le compagnon de débauche du tyran Alexandre de Médicis pour le tuer et rétablir la république. Cette mort, politiquement inutile, lui permet de justifier sa déchéance.

L'ESSENTIEL SUR...

LE THÉÂTRE DE MUSSET

- Des comédies qui tournent au tragique.
- Une interrogation sur l'identité, et la nostalgie de la pureté.

Vaudeville et théâtre de boulevard : Labiche, Feydeau, Courteline

66

QUIZ p. 125

À la fin du XIXe siècle, parallèlement à l'ascension sociale de la bourgeoisie, fleurit un théâtre de divertissement appelé « théâtre de boulevard ». Le vaudeville, pièce comique agrémentée ou non de couplets chantés, constitue une part importante de ce théâtre.

1 *Labiche (1815-1888) : le maître du vaudeville*

Né à Paris, Eugène Labiche étudie le droit, s'essaie au journalisme et aborde le théâtre avec succès.

INFO Au XIXe siècle, le vaudeville est joué dans les salles des Grands Boulevards de Paris, d'où l'expression « théâtre de boulevard ».

▶ *Le Voyage de M. Perrichon* (1860) : M. Perrichon voyage dans les Alpes avec sa femme et sa fille, courtisée par Armand et Daniel. Armand sauve M. Perrichon d'une chute ; plus tard, M. Perrichon a l'occasion de secourir Daniel. C'est Daniel qui emporte la faveur du père…

> DANIEL. – […] Les hommes ne s'attachent point à nous en raison des services que nous leur rendons mais en raison de ceux qu'ils nous rendent !
>
> ■ *Le Voyage de M. Perrichon*, IV, 8

▶ Dans *La Poudre aux yeux* (1861), deux jeunes gens s'aiment. Or, chaque famille fait croire à l'autre qu'elle est riche…

L'ESSENTIEL SUR…

LE THÉÂTRE DE LABICHE

Une fine satire des travers humains, une verve étourdissante.

2 *Feydeau (1862-1921) : un virtuose du comique*

Né à Paris, Georges Feydeau connaîtra la gloire littéraire et la fortune avant d'être emporté par la syphilis.

▶ *Un fil à la patte* (1894) : Bois d'Enghien, amant volage de la chanteuse Lucette Gautier, vient la voir pour rompre car il va épouser une riche héritière. Lâche et maladroit, il s'embourbe dans des situations inextricables.

▶ ***Le Dindon*** (1896) : Mme Vatelin déclare à Pontagnac qu'elle ne trompera jamais son mari à moins qu'elle n'ait des preuves de son infidélité…

▶ ***On purge bébé*** (1910) : le porcelainier Follavoine invite un client de marque, Chouilloux, qui doit lui acheter des pots de chambre pour l'armée française. Mais tout va se liguer contre lui…

> *[Follavoine cherche le mot* Hébrides *dans le dictionnaire. Sa femme Julie arrive et cherche aussi.]*
> – Dans les Z, les Hébrides ? Ah ! bien, je te crois que tu n'as pas pu trouver. […] C'est dans les E, voyons ! « … Ébriété, ébroïcien, ébro… » *(Interloquée.)* Tiens ! Comment ça se fait ?
> ■ *On purge bébé*, I, 2

L'ESSENTIEL SUR…

LE THÉÂTRE DE FEYDEAU

- Des **comédies divertissantes**, riches en intrigues et en adultères.
- Un **rythme endiablé**, des **quiproquos** et des situations cocasses, un mécanisme comique réglé à la perfection.
- Une **satire féroce** de la médiocrité bourgeoise.

3 Courteline (1858-1929) : un talent de caricaturiste

Fils de l'humoriste Jules Moinaux, Georges Moinaux (dit Courteline) naît à Tours. Il fait l'expérience de la vie de caserne puis devient fonctionnaire avant d'écrire pour le théâtre.

▶ ***Boubouroche*** (1893) : Boubouroche surprend un homme chez sa maîtresse ; il croit toutes les explications qu'elle lui donne…

▶ ***Le gendarme est sans pitié*** (1899) : le gendarme Labourbourax connaît mal le vocabulaire…

> […] m'entendre traiter *de visu* par un particulier qui l'est peut-être plus que moi.
> ■ *Le gendarme est sans pitié*, scène 1

L'ESSENTIEL SUR…

LE THÉÂTRE DE COURTELINE

- **Une caricature** de la petite-bourgeoisie ; une **satire** de l'armée, de la vie bureaucratique et des tracasseries judiciaires.
- **Une certaine amertume** masquée par l'humour.

Le drame et la farce : Rostand et Jarry

67

QUIZ p. 125

À la fin du XIXe siècle, le drame romantique renaît avec Edmond Rostand, tandis qu'Alfred Jarry inaugure un théâtre de l'absurde avec sa farce Ubu Roi.

1 *Edmond Rostand (1868-1918) : la comédie héroïque*

▶ Né à Marseille, il fait à Paris une brillante carrière de dramaturge.

▶ *Cyrano de Bergerac* (1897) : enlaidi par un long nez, Cyrano, cadet de Gascogne, n'ose avouer son amour à Roxane. Éprise du beau Christian, à qui Cyrano prête son esprit et ses mots d'amour, elle comprendra trop tard que c'est Cyrano qu'elle aimait.

> Agressif : « Moi, monsieur, si j'avais un tel nez,
> Il faudrait sur le champ que je me l'amputasse ! »
>
> ■ *Cyrano de Bergerac*, I, 4 (extrait de la tirade du nez)

L'ESSENTIEL SUR...

CYRANO DE BERGERAC

- **Un personnage devenu mythe**, chez qui se mêlent générosité, génie poétique, goût du « panache » (dernier mot de la pièce).
- **Une brillante survivance du drame romantique** : émotion, héroïsme, éclat de l'alexandrin, arrière-plan historique (XVIIe siècle).

2 *Alfred Jarry (1873-1907) : la farce moderne*

▶ C'est au lycée de Rennes que Jarry compose avec ses amis une comédie pour marionnettes où apparaît le père Ubu. Ce personnage devient le centre d'une **geste théâtrale bouffonne et agressive**.

▶ Dans *Ubu roi* (1896), le père Ubu, accompagné de son épouse, la mère Ubu, massacre le roi de Pologne et usurpe son trône. Après avoir purgé le royaume de tous ses nobles, financiers et magistrats, il ne règne plus que pour collecter l'impôt.

L'ESSENTIEL SUR...

UBU ROI

- Un personnage **farcesque, symbole de la tyrannie**.
- Jarry, **précurseur du surréalisme**.

L'Histoire au XIXe siècle : un genre littéraire

68

QUIZ p. 125

L'Histoire au XIXe siècle se constitue comme genre littéraire et prend son véritable essor.

1 Tocqueville (1805-1859) : le philosophe de l'Histoire

▶ Magistrat, Alexis de Tocqueville part en mission en Amérique. Député, puis ministre, il quitte la politique et se consacre à l'Histoire.

▶ ***De la démocratie en Amérique*** (1835-1840) est une analyse de la démocratie, de ses fondements, de son organisation.

L'ESSENTIEL SUR...

L'ŒUVRE DE TOCQUEVILLE

Une œuvre de réflexion politique : l'évolution vers la démocratie est un phénomène universel et inéluctable.

2 Michelet (1798-1874) : le poète de l'Histoire

D'origine modeste, Jules Michelet revendique son appartenance au peuple. Il enseigne l'histoire au Collège de France.

▶ L'***Histoire de France*** (1833-1867, dix-sept volumes) relate l'histoire de la France depuis les origines jusqu'aux temps modernes.

▶ L'***Histoire de la Révolution française*** (1847-1853, sept volumes), illustration enthousiaste du peuple déjà esquissée dans *Le Peuple* (1846), témoigne d'une écriture militante et romanesque.

> L'attaque de la Bastille ne fut nullement raisonnable. Ce fut un acte de foi. [...] Le long des rues, des quais, des ponts, des boulevards, la foule criait à la foule : « À la Bastille ! à la Bastille !... Et, dans le tocsin qui sonnait, tous entendaient : À la Bastille ! »
>
> ■ *Histoire de la Révolution française*, I, 7

L'ESSENTIEL SUR...

L'ŒUVRE DE MICHELET

- L'Histoire conçue comme une **résurrection intégrale du passé.**
- La foi en l'homme et un **hymne au peuple.**
- **Un souffle épique** (personnification de la France...).

Quiz express

Vérifiez que vous avez bien retenu les points importants.

fiches 65-67

69

Le théâtre au XIXe siècle

1 Les pièces et leurs auteurs

Retrouvez les auteurs de chacune des pièces.

1. *Ruy Blas* •	• a. Rostand
2. *On ne badine pas avec l'amour* •	• b. Feydeau
3. *Cyrano de Bergerac* •	• c. Jarry
4. *Le Voyage de M. Perrichon* •	• d. Hugo
5. *Ubu roi* •	• e. Labiche
6. *Le Dindon* •	• f. Musset

2 Les genres dramatiques

Complétez par : une farce moderne, une comédie héroïque, un drame romantique, un vaudeville.

a. *Lorenzaccio* est ....

b. *Un fil à la patte* est ....

c. *Cyrano de Bergerac* est ....

d. *Ubu roi* est ....

3 Les principes du drame romantique

Cochez la bonne réponse.

☐ a. Maintien des règles classiques
☐ b. Présence de la couleur locale historique
☐ c. Mélange des registres

4 Qui a dit ?

« Moi, monsieur, si j'avais un tel nez,
Il faudrait sur-le-champ que je me l'amputasse ! »

☐ a. Le père Ubu
☐ b. Follavoine
☐ c. Cyrano

Corrigés !

Score : … / 14

1 *Les pièces et leurs auteurs*

Fiches 65 à 67

1. **d.** – 2. **f.** – 3. **a.** – 4. **e.** – 5. **c.** – 6. **b.**

2 *Les genres dramatiques*

Fiches 65 à 67

a. *Lorenzaccio* est un drame romantique.
b. *Un fil à la patte* est un vaudeville.
c. *Cyrano de Bergerac* est une comédie héroïque.
d. *Ubu Roi* est une farce moderne.

3 *Les principes du drame romantique*

Fiche 65

Réponses b. et c. Le drame romantique abandonne les règles classiques (trois unités, bienséance…), mêle les scènes comiques et tragiques, comme on en trouve dans la vie, introduit la couleur locale historique (le drame fait revivre une époque).

4 *Qui a dit ?*

Fiche 67

Réponse c. Ces vers sont extraits de la célèbre tirade du nez dans *Cyrano de Bergerac*. Cyrano vient d'être pris à partie à propos de son nez. Il se lance dans une tirade grandiloquente, pratiquant l'autodérision et l'ironie.

Récap' express 70

Les mots clés de la littérature du XIXe siècle

LE ROMANTISME (1800-1850)

▶ Lyrisme. À l'origine, la poésie lyrique est une poésie **chantée** avec accompagnement de la lyre. Puis est appelée « lyrique » toute poésie qui vise **l'expression des sentiments** (joies ou déceptions amoureuses, nostalgie du souvenir, beauté apaisante de la nature, douleur d'avoir perdu un être cher…).

▶ Mal du siècle. Toute une génération, déçue dans ses rêves de grandeur après la chute de l'Empire, se reconnaît dans le René de Chateaubriand. Le **mal de René** deviendra le mal du siècle. L'âme, avide d'infini, assoiffée d'absolu, souffre des limites que lui impose la destinée terrestre. Le cœur est empli de passions violentes que rien sur cette terre ne saurait combler. C'est le « vague des passions », tel que le décrit Chateaubriand.

▶ Mémoires. Au pluriel et avec une majuscule, récit d'événements historiques dont l'auteur a été le témoin ou auxquels il a participé, avec la relation d'épisodes de la vie de l'auteur lui-même, ceux-ci et ceux-là s'éclairant mutuellement. Le chef-d'œuvre du genre est les *Mémoires d'outre-tombe* (1809-1841), de Chateaubriand.

▶ Romantisme. Mouvement **littéraire et artistique** qui s'est étendu à toute l'Europe à partir de la fin du XVIIIe siècle. Il atteint son apogée en France dans les années 1810-1835 et se caractérise par l'apparition d'une **sensibilité nouvelle**, favorisée dès 1815 par la déception qui touche toute une génération après la chute de l'Empire.

Les **consciences désenchantées** se complaisent dans la tristesse, le rêve ou la solitude et épanchent leur mélancolie, ou, animées par l'énergie de la révolte ou de l'ambition, s'engagent dans l'action.

Cet état de sensibilité s'accompagne d'un profond **renouvellement des formes littéraires** : au théâtre, suppression des règles classiques, libération du langage, mélange des genres ; en poésie, explosion du lyrisme ; quant au roman, il devient un instrument d'exploration du monde extérieur.

Le romantisme s'épuise au milieu du siècle : le triomphe de l'esprit bourgeois (sens des réalités concrètes, importance donnée à l'argent) apporte aux débordements lyriques de sévères limites.

LE PARNASSE ET LE SYMBOLISME (1850-1890)

▶ Parnasse. Au milieu du siècle, se constitue autour de Leconte de Lisle un groupe de poètes dits « parnassiens », unis par le besoin de réagir contre les excès des épanchements romantiques. Ils prônent une **poésie descriptive**, aux harmonies pures, dont la seule raison d'être est la beauté (théorie de **l'art pour l'art**).

▶ Symbolisme. À la fin du siècle, en réaction aux descriptions parnassiennes qui dévoilent trop clairement le monde, se dessine à la suite de Baudelaire et autour de Verlaine, Rimbaud et Mallarmé, un idéal poétique célébrant **le rêve, le mystère et le sens caché des choses**. Il ne s'agit plus pour le poète de décrire le réel car nommer un objet, c'est l'appauvrir, mais de le **suggérer au moyen du symbole** qui révèle les correspondances secrètes entre le visible et l'invisible. Ainsi, un paysage peut refléter un état d'âme (l'automne évoque la tristesse…). Le poète symboliste cultive la **musicalité** pour mieux parler à l'âme et atteindre la sensibilité du lecteur.

LE RÉALISME ET LE NATURALISME (1850-1890)

▶ Réalisme. À partir du Second Empire (1852), des écrivains (notamment Flaubert et Maupassant), en réaction au romantisme, fondent leur esthétique sur **une observation et une représentation minutieuses de la réalité**. Le réalisme se caractérise par la volonté de raconter des histoires de la vie réelle, une approche juste et précise des personnages et du milieu social, et une écriture se voulant impersonnelle et objective.

▶ Naturalisme. Mouvement littéraire de la fin du XIXe siècle dominé par la personnalité d'**Émile Zola**, qui se propose d'appliquer au roman la méthode de l'**expérimentation scientifique**. Convaincu que les comportements humains sont conditionnés par l'hérédité, le milieu social et la physiologie, le romancier naturaliste dévoile toute la réalité, même la plus sordide.

Le XXe siècle et le XXIe siècle : introduction

71

Le XXe siècle et le début du XXIe voient les conditions de vie s'améliorer, mais sont entachés par les guerres, les bouleversements et les crises. Face à un monde complexe, l'homme moderne est en proie au doute.

1 Caractéristiques générales

A Une période de contradictions

▶ Le XXe siècle et le début du XXIe sont **porteurs de tous les espoirs** : les **découvertes scientifiques** prolongent l'espérance de vie et améliorent les conditions matérielles de l'existence ; les **premiers pas sur la Lune**, en 1969, concrétisent les rêves de conquête spatiale ; l'**informatique**, qui fait aujourd'hui partie de la vie quotidienne, révolutionne les moyens de communication.

▶ Mais les **traumatismes** subis ont été importants : deux guerres mondiales marquées par l'horreur des **tranchées** et des **camps de concentration** ; guerres de **colonisation** ; invention de la **bombe atomique**. Verdun, Guernica, Auschwitz, Hiroshima, autant de noms devenus des symboles d'horreur et d'inhumanité, obligent à se poser la question du mal.

B Les années 2000 : de nouvelles inquiétudes

▶ Les années 2000 sont marquées par **des crises et des bouleversements mondiaux** : crise financière, économique, cataclysmes (séismes, tsunamis, typhons…), montée du terrorisme…

▶ Les progrès incessants de la science génèrent des **inquiétudes nouvelles** : bouleversement des équilibres naturels, cybercriminalité, problèmes moraux liés aux avancées dans les domaines de la biologie…

C Les lettres et les arts

▶ La **production littéraire** est abondante et variée et bénéficie d'une diffusion de plus en plus large (création du livre de poche en 1953, multiplication des tablettes électroniques). Les écrivains s'orientent vers des voies diverses : ils favorisent l'**évasion**, se font l'**écho des problèmes de leur temps**, s'interrogent sur **le sens de l'existence**.

▶ En **peinture**, les **cubistes** Georges Braque et Pablo Picasso et les **surréalistes** Dalí, Giorgio De Chirico, René Magritte renouvellent les codes de la représentation.

▶ Au **cinéma**, René Clair, Julien Duvivier, Jean Renoir exploitent les possibilités du **cinéma parlant**, né aux États-Unis en 1927. Depuis, la création cinématographique est en expansion permanente, bénéficiant des progrès technologiques et des nouveaux modes de diffusion.

2 *Repères historiques*

A 1900-1958 : de la Belle Époque à la reconstruction

▶ En **1914**, la déclaration de la guerre met fin à l'insouciance de la Belle Époque. Le traité de Versailles **(1918)** consacre la victoire des Alliés (États-Unis, France, Angleterre).

▶ Après l'armistice, l'euphorie des **« années folles »** cesse avec la **grande crise économique de 1929** et l'affrontement des idéologies (communisme, fascisme). Crises et tensions se succèdent dans le monde. La Seconde Guerre mondiale éclate en 1939.

▶ Les années **1940-1944** sont marquées par l'occupation allemande et le gouvernement de Vichy. Le **8 mai 1945**, la capitulation de l'Allemagne nazie marque la victoire des Alliés.

▶ La **IVe République (1946-1958)** entreprend le relèvement du pays, mais la paix mondiale demeure fragile.

B 1958-années 2000 : la Ve République et les bouleversements

▶ Les **guerres d'Indochine** (1945-1954) **et d'Algérie** (1954-1962) confrontent la France à la décolonisation et ramènent au pouvoir, en **1958**, le **général de Gaulle** qui **fonde la Ve République.**

▶ En **mai 1968** la jeunesse remet en question les institutions et les valeurs traditionnelles.

▶ En **1970**, le choc pétrolier (augmentation spectaculaire du prix du pétrole) ébranle les pays occidentaux. La crise économique et la montée du chômage préoccupent les esprits.

▶ La chute du mur de Berlin en **1989** et la dissolution de l'URSS en 1991 mettent fin à la dictature communiste. Désormais, les pays d'Europe se mobilisent pour la construction de l'Union européenne.

▶ Le **1er janvier 2002**, l'**euro** devient la monnaie unique européenne.

La poésie au début du XXe siècle : l'héritage du symbolisme

72

QUIZ p. 145

Au début du XXe siècle, certains poètes, soucieux d'atteindre le mystère de l'âme et du monde, se rattachent à la mouvance symboliste, tout en ouvrant des voies nouvelles.

1 Le naturisme

Francis Jammes et Paul Fort recherchent les joies simples de la nature. S'opposant à l'hermétisme de certains symbolistes, ils recourent à des symboles clairs.

A Francis Jammes (1868-1938) : le poète bucolique

- Jammes passe sa vie au sein de la campagne pyrénéenne.
- Dans ***De l'Angélus de l'aube à l'Angélus du soir*** (1898), le poète chante avec une ferveur religieuse son émoi devant la beauté des choses et les meurtrissures de la vie.

B Paul Fort (1872-1960) : le lyrisme fraternel

- Dramaturge et poète, Paul Fort participe au renouvellement de l'art dramatique en représentant des poèmes mis en scène.
- Il réunit son œuvre poétique sous le titre ***Ballades françaises*** (1896-1958), poèmes en prose célébrant la nature et les provinces de France.

> Le bonheur est dans le pré. Cours-y vite, cours-y vite.
> Le bonheur est dans le pré. Cours-y vite. Il va filer.
>
> ■ *Ballades françaises*, © Éditions Flammarion

2 Le lyrisme chrétien

Les poètes d'inspiration chrétienne découvrent la main invisible du Créateur derrière la réalité visible du monde.

A Paul Claudel (1868-1955) : une poésie prière

- Parallèlement à sa carrière diplomatique, qui le conduit en Amérique et en Extrême-Orient durant quatorze ans, Claudel développe une activité littéraire intense (→ FICHE 97), marquée par la double influence de la poésie de Rimbaud (→ FICHE 50) et de la foi catholique.

▶ Les ***Cinq Grandes Odes*** (1900-1908) retracent son aventure humaine, spirituelle et poétique.

> **INFO** Le verset claudélien, inspiré de la Bible, est un vers libre au rythme ample qui épouse le rythme de la respiration humaine.

> La feuille jaunit et le fruit tombe, mais la feuille dans mes vers ne périt pas.
>
> ■ *Cinq Grandes Odes*, II, © Éditions Gallimard

L'ESSENTIEL SUR…

LA POÉSIE DE CLAUDEL

Une poésie incantatoire écrite en **versets** et qui permet d'accéder à l'éternité.

B Charles Péguy (1873-1914) : la force de la foi

Enfant du peuple, il retrouve la foi de son enfance quelques années avant sa mort au front le 5 septembre 1914.

▶ Dans ***Jeanne d'Arc*** (1897), Péguy fait revivre le drame de Jeanne, figure symbolique de la ferveur patriotique.

▶ ***Les Tapisseries*** (1912-1913) constituent une prière patiemment tissée en vers réguliers et délivrent un message d'espoir : l'homme peut espérer le salut dès sa vie ici-bas.

C Paul Valéry (1871-1945) : la poésie néoclassique

Né à Sète, Valéry est marqué par sa rencontre avec Mallarmé. La poésie est pour lui le fruit d'un long travail (« Un poème doit être une fête de l'intellect », *Cahiers*). Il est inhumé au cimetière de sa ville natale.

> **INFO** La poésie néoclassique, attachée aux rigueurs de la forme, est conçue comme un exercice intellectuel.

▶ Les 511 vers du poème ***La Jeune Parque*** (1917) retracent l'histoire d'une jeune fille tourmentée par l'appel du désir.

▶ ***Charmes*** (1922) comporte vingt et un poèmes, dont **« Le Cimetière marin »** (1920) : le poète, parmi les tombes du cimetière de Sète, contemple la mer et médite sur la vie et la mort.

> La mer, la mer, toujours recommencée.
>
> ■ « Le Cimetière marin », *Charmes*, v. 4

L'esprit nouveau : Apollinaire, Cendrars

73

QUIZ p. 145

Avec Apollinaire et Cendrars apparaît une poésie qui chante le monde moderne.

1 Guillaume Apollinaire (1880-1918) : modernité et tradition

▶ Engagé volontaire en 1914, blessé en 1916, Apollinaire meurt deux ans plus tard à Paris, victime de la grippe espagnole.

▶ Trois femmes marquent sa vie : Annie Playden, rencontrée en Allemagne ; le peintre Marie Laurencin, qui l'entraîne dans l'univers montmartrois du cubisme et du fauvisme ; Louise de Coligny, immortalisée dans les *Poèmes à Lou* (1947).

▶ Le recueil *Alcools* (1913) réunit une série d'instantanés, exprimant l'univers poétique de l'auteur.

> À la fin tu es las de ce monde ancien
> Bergère ô tour Eiffel le troupeau des ponts bêle ce matin
> Tu en as assez de vivre dans l'antiquité grecque et romaine
>
> ■ « Zone », poème liminaire d'*Alcools*

L'ESSENTIEL SUR...

ALCOOLS

- **Des thèmes traditionnels** : l'amour et la fuite du temps.
- **Une forme renouvelée** : suppression de la ponctuation, procédés cubistes (impressions fragmentées, superposition d'images...).

▶ Les *Calligrammes* (1918) sont des poèmes dont la disposition typographique représente la forme des objets évoqués (mandoline, jet d'eau, oiseau, cœur, pluie...).

2 Blaise Cendrars (1887-1961) : le bourlingueur

▶ Grand voyageur, il s'engage dans la Légion étrangère.

▶ *La Prose du Transsibérien et de la petite Jehanne de France* (*Du monde entier*, 1919) est un poème souvenir d'un voyage en Mandchourie (illustré par Sonia Delaunay) : son rythme haletant épouse la marche du train.

La naissance du surréalisme : Jacob, Breton, Soupault

74

? QUIZ p. 145

En 1916, Tristan Tzara lance le mouvement dada qui prône le rejet de toute norme artistique. Dans son sillage, André Breton crée le surréalisme*.*

1 Max Jacob (1876-1944) : la recherche du surréel

▶ Ami d'Apollinaire et de Picasso, Max Jacob cultive le burlesque.

▶ La poésie des *Œuvres burlesques et mystiques de frère Matorel, mort au couvent de Barcelone* (1912) et du *Cornet à dés* (1917) est fondée sur le jeu verbal et le rôle du hasard.

2 André Breton (1896-1966) : le chef de file

▶ Breton expérimente l'écriture automatique avec Soupault dans *Les Champs magnétiques* (1920), premier ouvrage surréaliste. Il définit les principes du mouvement dans *Le Manifeste du surréalisme* (1924).

INFO L'écriture automatique transcrit, sans retenue, tout ce qui vient à l'esprit.

▶ Dans *Clair de terre* (1923) et *L'Union libre* (1931) se fait jour une nouvelle perception du monde et de la femme aimée, dans une poésie fourmillant d'images jaillies de l'inconscient.

> Ma femme à la chevelure de feu de bois
> Aux pensées d'éclairs de chaleur
>
> ■ *L'Union libre*, © Éditions Gallimard

3 Philippe Soupault (1897-1990) : le voyageur

▶ Soupault participe avec Breton aux débuts du surréalisme puis il devient journaliste et se met à parcourir la planète.

▶ *Westwego* (1922) est un poème mélancolique invitant au voyage en rêve.

> Étrange voyageur sans bagages
> Je n'ai jamais quitté Paris.
>
> ■ *Westwego*, © Éditions Grasset

Trois poètes surréalistes : Éluard, Aragon, Desnos

75

QUIZ p. 145

Les poètes surréalistes sont aussi engagés politiquement. Durant l'Occupation, ils mettent leur poésie au service de la Résistance.

1 Paul Éluard (1895-1952) : amour et Liberté

Paul Éluard (pseudonyme d'Eugène Grindel) participe aux débuts du surréalisme aux côtés d'André Breton. En 1936, il quitte le mouvement et s'oriente vers un militantisme actif : lutte contre le franquisme en Espagne, adhésion au Parti communiste, participation à la Résistance.

▶ ***Poésie et Vérité*** (1942) contient le poème **« Liberté »**, parachuté par la Royal Air Force sur les pays occupés ; ***Au rendez-vous allemand*** (1944) évoque les drames de la patrie meurtrie.

> Sur mes cahiers d'écolier / Sur mon pupitre et les arbres
> Sur le sable sur la neige / J'écris ton nom
>
> ■ « Liberté », *Poésie et Vérité*, © Éditions de Minuit

▶ Trois femmes inspirent sa poésie amoureuse : **Gala**, qui le quitte pour Salvador Dalí ; **Nusch**, dont la mort subite, en 1946, le bouleverse ; **Dominique**, qui le fait renaître à l'amour.

▶ ***Capitale de la douleur*** (1926), ***L'Amour, la poésie*** (1929) témoignent de l'amour et des souffrances vécues avec Gala.

▶ ***Le temps déborde*** (1947) est écrit après la mort de Nusch.

> J'étais si près de toi que j'ai froid près des autres
>
> ■ « Ma morte vivante », *Le temps déborde*, © Éditions Seghers

▶ ***Le Phénix*** (1951) est dédié à Dominique et célèbre l'amour renaissant.

L'ESSENTIEL SUR...

LA POÉSIE D'ÉLUARD

- **Une poésie de combat** et un renouvellement du lyrisme amoureux par la liberté des images.
- **Un hymne à la femme**, solaire et lumineuse, qui permet au poète de renaître à la vie et au monde.

2 Louis Aragon (1897-1982) : amour et Résistance

Poète, romancier (→ FICHE 85), Aragon est l'un des fondateurs du surréalisme avec Breton. En 1927, il adhère au Parti communiste puis rencontre Elsa Triolet, sa compagne. En 1930, son engagement politique l'éloigne du surréalisme. Pendant l'Occupation, il rejoint la Résistance.

▶ Dans ses recueils *Cantique à Elsa* (1942), *Les Yeux d'Elsa* (1942), *La Diane française* (1946), *Le Roman inachevé* (1956), *Le Fou d'Elsa* (1963), le lyrisme amoureux se mêle à l'évocation de la France meurtrie par la guerre.

▶ Les **« Strophes pour se souvenir »** sont dédiées au poète arménien Missak Manouchian, à la tête d'un très actif réseau de résistance en France, et à ses vingt-trois camarades (pour la plupart étrangers et juifs) fusillés en février 1944. Le poème a été mis en musique par Léo Ferré sous le titre « L'Affiche rouge ».

INFO À l'occasion de l'exécution des membres du réseau Manouchian, la propagande allemande placarde à Paris 15 000 affiches rouges, assimilant la Résistance à une entreprise terroriste conduite par les juifs et les étrangers.

> Ils étaient vingt et trois quand les fusils fleurirent
> Vingt et trois qui donnaient leur cœur avant le temps
>
> ■ « Strophes pour se souvenir », *Le Roman inachevé*,
> © Éditions Gallimard

3 Robert Desnos (1900-1945) : fantaisie et gravité

Desnos participe au surréalisme puis entre dans la Résistance. Il meurt au camp de concentration de Térézin, le 8 juin 1945.

▶ Le recueil *Corps et Biens* (1930) témoigne de la passion du poète pour les jeux de mots et l'écriture automatique.

▶ **« Ce cœur qui haïssait la guerre »** est un poème paru clandestinement aux Éditions de Minuit en 1943.

> Ce cœur qui haïssait la guerre voilà qu'il bat pour le combat et la bataille
>
> ■ *Destinée arbitraire*, © Éditions Gallimard

Des poètes en marge du surréalisme : Supervielle, Cocteau, Michaux

76

QUIZ p. 145

Tout en subissant l'influence du mouvement surréaliste, certains poètes s'en éloignent et s'engagent dans des voies plus personnelles.

1 Jules Supervielle (1884-1960) : le poète de la pampa

▶ Né à Montevideo, Supervielle demeurera toute sa vie partagé entre l'Uruguay, sa terre natale, et la France.

▶ *Débarcadères* (1922), *Gravitations* (1925), *La Fable du monde* (1938), *Oublieuse Mémoire* (1949) célèbrent les grands espaces, les océans, les animaux. Le poète dépeint un univers sujet à d'incessantes métamorphoses, où fusionnent les êtres, les hommes et les astres.

> Je sais une tristesse à l'odeur d'ananas
> Qui vaut mieux qu'un bonheur ignorant les voyages
>
> ■ *Débarcadères*, © Éditions Gallimard

2 Jean Cocteau (1889-1963) : la poésie du rêve

▶ Cocteau côtoie les peintres cubistes et découvre l'écriture automatique. Son talent s'exerce dans tous les domaines : roman, poésie, cinéma, théâtre (→ FICHE 99), peinture, dessin.

▶ Dans ses recueils poétiques (*Plain-chant*, 1923 ; *Opéra*, 1927 ; *Appoggiatures*, 1953 ; *Clair-obscur*, 1954…), le poète quitte le monde réel pour pénétrer dans un univers surréel.

> Racontez-moi encore
> Palma des Baléares ;
> Je ne connais qu'une île
> Au milieu de la Marne.
>
> ■ « Îles », *Poésies 1916-1923*, © Éditions Gallimard

L'ESSENTIEL SUR…

L'ŒUVRE POÉTIQUE DE COCTEAU

- Une poésie fidèle à **une certaine tradition classique.**
- Une poésie qui offre le **pouvoir magique de dépasser les frontières** entre le rêve et la réalité, la vie et la mort…

3 Henri Michaux (1899-1984) : la poésie exorcisme

Né en Belgique, Michaux entreprend de longs voyages (Asie, Amérique du Sud) afin de fuir un monde qu'il ressent comme hostile. Mais, pour lui, la seule aventure qui vaille est d'ordre intérieur. Il tente alors d'autres dépaysements : pour mieux explorer cet **« espace du dedans »**, il recourt à l'expérimentation systématique de substances hallucinogènes.

▶ Dans *Qui je fus* (1927), son premier recueil poétique, Michaux s'adonne à l'ivresse de l'invention lexicale.

> Il l'emparouille et l'adosque contre terre ;
> Il le rague et le roupète jusqu'à son drâle ;
> Il le pratelle et le libucque et lui barufle les ouillais ;
>
> ■ « Le grand combat », *Qui je fus*, © Éditions Gallimard

▶ *Mes propriétés* (1929), *Voyage en Grande Garabagne* (1936), *L'Espace du dedans* (1944), *Épreuves, exorcismes* (1945) : pour conjurer sa hantise du réel, le poète s'invente un monde et rêve d'un ailleurs.

> Emportez-moi dans une caravelle,
> Dans une vieille et douce caravelle,
> dans l'étrave, ou si l'on veut, dans l'écume,
> Et perdez-moi, au loin, au loin.
>
> ■ *Mes propriétés*, © Éditions Gallimard

▶ *Plume* (1938) montre un personnage en proie au mal de vivre, décalé par rapport à la réalité, en butte aux événements et aux hommes.

▶ *Misérable Miracle* (1956), *L'Infini turbulent*, *Connaissance par les gouffres* (1961) dépeignent les effets de la drogue dans des images agressives et oppressantes.

> J'avançais, je dévalais, je plongeais dans la transparence, je vivais cristallinement.
>
> ■ « La grande ouverture », *Misérable Miracle*, © Éditions Gallimard

L'ESSENTIEL SUR...

LA POÉSIE DE MICHAUX

- **Une angoisse fondamentale** que le poète tente d'exorciser par l'humour et la poésie.
- **Une contestation du réel et du langage**, qu'il violente et désarticule avec exaltation.

La poésie de la négritude : Senghor, Césaire

77

QUIZ p. 145

C'est à Paris, en milieu étudiant, que naît le projet de défendre et illustrer les valeurs du monde africain et antillais, avec le concept de « négritude », formulé par Césaire et approfondi par Senghor.

1 *Léopold Sédar Senghor (1906-2001) : l'expression de la négritude*

Léopold Sédar Senghor, né au Sénégal, fait ses études à Dakar et à Paris. C'est là qu'il rencontre le Martiniquais Aimé Césaire avec lequel il fonde la revue *L'Étudiant noir* en 1934, tout en passant l'agrégation de grammaire en 1935. En 1945, il commence sa double carrière d'homme politique et d'écrivain. Secrétaire d'État sous la IVe République, il devient président de la République du Sénégal en 1960 et le reste jusqu'en 1980.

▶ ***Chants d'ombre*** (1945), le premier recueil de Senghor, mêle la poésie lyrique et le rythme du tam-tam.

> Femme nue, femme noire
> Vêtue de ta couleur qui est la vie, de ta forme qui est la beauté !
> J'ai grandi à ton ombre, la couleur de tes mains bandait mes [yeux.]
>
> ■ « Femme noire », *Chants d'ombre*, dans *Œuvres poétiques*, © Éditions du Seuil

▶ ***Hosties noires*** (1948) est une prière de paix, un éloge des « tirailleurs sénégalais » enrôlés dans l'armée française en 1939 et morts au combat.

> Ô Martyrs noirs, race immortelle, laissez-moi dire
> les paroles qui pardonnent.
>
> ■ *Hosties noires*, dans *Œuvres poétiques*, © Éditions du Seuil

▶ Dans ***Éthiopiques*** (1956), le poète recourt au verset, qu'il reprend à Claudel (→ FICHE 72), pour traduire l'ample rythme ancestral des chants d'Afrique.

> Oho ! Congo couchée dans ton lit de forêts, reine sur
> l'Afrique domptée [...]
> Mère de toutes choses qui ont narines, des crocodiles des
> hippopotames

Lamantins iguanes poissons oiseaux, mère des crues
nourrice des moissons.

■ *Éthiopiques*, dans *Œuvres poétiques*, © Éditions du Seuil

L'ESSENTIEL SUR...

LA POÉSIE DE SENGHOR

- **Une poésie de la négritude** qui célèbre les valeurs africaines.
- **Des thèmes traditionnels** : l'amour, la mort, la terre natale...
- **Une heureuse symbiose** entre l'héritage africain (images, rythme, couleurs...) et la culture européenne.

2 Aimé Césaire (1913-2008) : un poète de la révolte

▶ Né en Martinique, Aimé Césaire se rend à Paris pour poursuivre ses études. Il rencontre Léopold Sédar Senghor à Louis-le-Grand. À la Libération, il est élu député de la Martinique sur la liste du Parti communiste, puis maire de Fort-de-France – il le restera jusqu'en 2001. Son œuvre est féconde, à la fois poétique et théâtrale.

▶ Dans ***Cahier d'un retour au pays natal*** (1939) le poète exprime sa révolte, tournée autant contre le Blanc colonisateur que contre le Noir colonisé qui accepte d'être avili parce qu'il se croit inférieur.

C'était un très bon nègre,
la misère lui avait blessé poitrine et dos et on avait fourré
dans sa pauvre cervelle qu'une fatalité pesait sur lui qu'on ne
prend pas au collet ; qu'il n'avait pas puissance sur son propre
destin ; qu'un Seigneur méchant avait de toute éternité écrit
des lois d'interdiction en sa nature pelvienne ; et d'être le bon
nègre ; de croire honnêtement à son indignité, sans curiosité
perverse de vérifier jamais les hiéroglyphes fatidiques.
C'était un très bon nègre
et il ne lui venait pas à l'idée qu'il pourrait houer, fouir,
couper tout, tout autre chose vraiment que la canne insipide.
C'était un très bon nègre.

■ *Cahier d'un retour au pays natal*, © Éditions Présence africaine

L'ESSENTIEL SUR...

LA POÉSIE DE CÉSAIRE

- **Des écrits véhéments** : la dénonciation des souffrances d'un peuple colonisé.
- **Une violence verbale** qui traduit la révolte.

La poésie après 1945 (1) : Saint-John Perse, Char

78

? QUIZ p. 145

Saint-John Perse et Char, à l'écoute du monde, tentent d'atteindre, par la magie du verbe, une vérité essentielle.

1 Saint-John Perse (1887-1975) : le chant du monde

▶ Saint-John Perse (Alexis Léger, dit) passe son enfance en Guadeloupe. Écrivain et diplomate, il s'exile aux États-Unis en 1940.

▶ *Éloges* (1911), *Anabase* (1924), *Exil* (1942), *Vents* (1946), *Amers* (1957) célèbrent les souvenirs de la petite enfance, la beauté de la terre, la force des éléments.

> Palmes... !
> Alors on te baignait dans l'eau-de-feuilles-vertes ; et l'eau encore était du soleil vert ; et les servantes de ta mère, grandes filles luisantes, remuaient leurs jambes chaudes près de toi qui tremblais...
>
> ■ « Pour fêter une enfance », *Éloges*, © Éditions Gallimard

2 René Char (1907-1988) : un message humaniste

▶ Pour René Char, la poésie va de pair avec l'engagement politique. Chef d'un maquis en Provence durant l'Occupation, il se retire après la guerre à L'Isle-sur-Sorgue, sa terre natale, pour se consacrer à la poésie.

▶ Dans *Fureur et Mystère* (1948), qui regroupe les recueils *Seuls demeurent* (1945), *Feuillets d'Hypnos* (1946), *Le Poème pulvérisé* (1947), le poète témoigne de son expérience de résistant.

> INFO Hypnos (dieu du sommeil dans la mythologie grecque) est l'un des noms de René Char dans la Résistance : il faut se méfier de celui qui dort.

> Je n'écrirai pas de poème d'acquiescement.
>
> ■ *Feuillets d'Hypnos*, 104, © Éditions Gallimard

L'ESSENTIEL SUR...

LA POÉSIE DE RENÉ CHAR

- **Une poésie exigeante**, dense et métaphorique.
- **Une fureur violente contre la barbarie** mais aussi une **exaltation de la beauté**, de la vie, des valeurs de fraternité.

La poésie après 1945 (2) : Ponge, Guillevic

79

? QUIZ p. 145

Deux poètes, Ponge et Guillevic, travaillent dans le même esprit : ils rejettent le lyrisme pour s'intéresser aux choses, même les plus modestes, et les interroger.

1 Francis Ponge (1899-1988) : les mots et les choses

▶ Né à Montpellier, Ponge fréquente un temps le groupe surréaliste, adhère au Parti communiste et participe à la Résistance pendant la guerre. Après la Libération, il devient enseignant.

▶ Les trente-deux poèmes en prose du *Parti pris des choses* (1942) décrivent des objets du quotidien, modestes, mais qui contiennent tout un monde.

> La surface du pain est merveilleuse d'abord à cause de cette impression quasi panoramique qu'elle donne : comme si l'on avait à sa disposition sous la main les Alpes, le Taurus ou la Cordillère des Andes.
> Ainsi donc une masse amorphe en train d'éructer fut glissée pour nous dans un four stellaire, où durcissant elle s'est façonnée en vallées, crêtes, ondulations, crevasses...
>
> ■ « Le pain », *Le Parti pris des choses*, © Éditions Gallimard

L'ESSENTIEL SUR...

LA POÉSIE DE PONGE

- Des « définitions-descriptions » qui exigent un travail minutieux et précis, à la façon d'un artisan, sur le langage.
- La volonté d'atteindre le mystère des choses.

2 Eugène Guillevic (1907-1997) : la poésie du quotidien

▶ Fils d'un marin breton, Guillevic, pour résister au nazisme, adhère au Parti communiste. Après des années de poésie militante, il revient à une inspiration plus personnelle.

▶ *Terraqué* (1942), *Terre à bonheur* (1952), *Carnac* (1961) sont tournés vers la terre, les êtres et les choses.

La poésie après 1945 (3) : Prévert, Queneau, Vian

80

? QUIZ p. 145

Prévert, Queneau et Vian associent la poésie au rire et à la fantaisie. Mais, ils invitent aussi à une réflexion sur le langage et sur la vie.

1 Jacques Prévert (1900-1977) : la poésie du quotidien

▶ Poète, Prévert est aussi parolier (auteur de chansons interprétées par Yves Montand et Juliette Gréco) et le brillant scénariste de films de Marcel Carné (*Drôle de drame*, 1937 ; *Quai des brumes*, 1938 ; *Les Enfants du paradis*, 1945).

▶ ***Paroles*** (1946), ***Histoires*** (1946), ***Spectacles*** (1951), ***Fatras*** (1966) présentent des situations inspirées de la vie quotidienne : l'école (« Le cancre »), la guerre (« Barbara »), l'amour (« Cet amour »), la nature (« Chanson des escargots »), la création artistique (« Pour faire le portrait d'un oiseau »)…

L'ESSENTIEL SUR…

LA POÉSIE DE JACQUES PRÉVERT

- **Une poésie du quotidien** avec des images simples et tendres.
- **Un jeu subtil avec les mots.**
- **La dénonciation de toutes les formes d'oppression** (guerres, injustices, violences…) et de l'hypocrisie humaine.

2 Raymond Queneau (1903-1976) : mots et jeux de mots

Queneau, poète et romancier (→ FICHE 90), participe au mouvement surréaliste puis fonde l'**Oulipo**, un groupe de recherche qui expérimente des formes littéraires nouvelles.

▶ ***L'Instant fatal*** (1948) est le recueil qui contient le poème « Si tu t'imagines », rendu célèbre par Juliette Gréco.

> Bien placés bien choisis
> quelques mots font une poésie
> les mots il suffit qu'on les aime
> pour écrire un poème.

■ « Pour un art poétique », *L'Instant fatal*, © Éditions Gallimard

INFO L'Oulipo (*Ou*vroir de *li*ttérature *po*tentielle) récuse la notion d'inspiration et veut réintroduire la notion de « contrainte » dans la création littéraire (ex. : textes où sont exclues certaines lettres de l'alphabet).

▶ Dans *Cent Mille Milliards de poèmes* (1961), dix sonnets de 14 vers sont découpés en bandes horizontales ; le lecteur peut ainsi construire ses propres sonnets (10^{14} combinaisons possibles !).

L'ESSENTIEL SUR…

LA POÉSIE DE QUENEAU

- **Une poésie fondée sur le jeu avec les mots**, mais avec des **règles**.
- **Une langue littéraire qui joue sur la langue orale et familière.**

3 Boris Vian (1920-1959) : le maître du canular

Brillant, provocateur, anarchiste, Vian multiplie les activités : musicien de jazz, romancier (→ FICHE 90), poète, traducteur, auteur et interprète de chansons. La mort le surprend prématurément.

▶ *Textes et Chansons* (1955) réunit des chansons célèbres, dont « Le Déserteur », « J'suis snob », « Complainte du progrès ».

> Ah… Gudule !…. Viens m'embrasser… Et je te donnerai
> Un frigidaire
> Un joli scooter
> Un atomizer
> Et du Dunlopillo
>
> ■ « Complainte du progrès », *Textes et Chansons*,
> © Éditions Christian Bourgois

▶ **« Je voudrais pas crever »** est le poème qui donne son nom au recueil (posth. 1962).

> Je voudrais pas mourir
> sans qu'on ait inventé
> Les roses éternelles
> La journée de deux heures
> La mer à la montagne
> la montagne à la mer
> La fin de la douleur
>
> ■ *Je voudrais pas crever*, © Éditions Pauvert

L'ESSENTIEL SUR…

LA POÉSIE DE BORIS VIAN

- **Une poésie provocante**, empreinte d'humour et de sensibilité (obsession de la mort, amour de la vie, de la nature).
- **Une poésie qui dénonce** la sottise, la violence, la guerre.
- **Une virtuosité verbale**, un style corrosif.

Quiz express 81

Vérifiez que vous avez bien retenu les points importants.

fiches 72 à 80, 103

La poésie au XXe siècle

1 Les mouvements poétiques

Complétez avec : le jeu verbal, le surréalisme, la modernité, de la négritude, l'intellect, néoclassique.

1. Valéry pratique une poésie .... Pour lui, « un poème doit être une fête de .... ».
2. Apollinaire inaugure la poésie de ....
3. Le dadaïsme a précédé ....
4. Césaire et Senghor sont des poètes ....
5. Prévert, Queneau et Vian fondent leur poésie sur le ....

2 Poésie, amour et engagement

	Vrai	Faux
1. « Le déserteur » est une chanson de Prévert.	☐	☐
2. Les « Strophes pour se souvenir » ont été écrites par Missak Manouchian.	☐	☐
3. Elsa Triolet fut l'inspiratrice d'Aragon.	☐	☐

3 La poésie surréaliste

Cochez les caractéristiques de la poésie surréaliste.

- ☐ a. Libérer les artistes des contraintes.
- ☐ b. Pratiquer une plongée dans l'inconscient.
- ☐ c. Proscrire l'écriture automatique.

4 Qui a écrit ?

1. Sous le pont Mirabeau coule la Seine •	• a. Éluard
2. Je n'écrirai pas de poème d'acquiescement •	• b. Ponge
3. Ma femme à la chevelure de feu de bois •	• c. Apollinaire
4. Je t'aime pour toutes les femmes que je n'ai pas connues •	• d. Michaux
5. La surface du pain est merveilleuse •	• e. Char
6. Emportez-moi dans une caravelle •	• f. Breton

Corrigés !

Score : … / 18

1 Les mouvements poétiques

Fiches 72, 73, 74, 77, 80, 103

1. Valéry pratique une poésie néoclassique. Pour lui, « un poème doit être une fête de l'intellect ».

2. Apollinaire inaugure la poésie de la modernité.

3. Le dadaïsme a précédé le surréalisme.

4. Césaire et Senghor sont des poètes de la négritude.

5. Prévert, Queneau et Vian fondent leur poésie sur le jeu verbal.

2 Poésie, amour et engagement

Fiches 75, 80

1. **Faux.** « Le déserteur » est une chanson antimilitariste écrite par Boris Vian en 1954 : un homme proclame sa décision de ne pas partir à la guerre. Peu après sa sortie, la chanson est interdite de diffusion à la radio pour « antipatriotisme ». Elle a été reprise par de nombreux chanteurs, parmi lesquels Serge Reggiani et Juliette Gréco.

2. **Faux.** Les « Strophes pour se souvenir » ont été écrites par Aragon et sont dédiées au poète arménien Missak Manouchian, à la tête d'un réseau de résistance très actif pendant la Seconde Guerre mondiale.

3. **Vrai.** Le poète la célèbre dans ses recueils *Cantique à Elsa* (1942), *Les Yeux d'Elsa* (1942), *La Diane française* (1946), *Le Roman inachevé* (1956), *Le Fou d'Elsa* (1963).

3 La poésie surréaliste

Fiches 74, 103

Réponses a. et b. La réponse **c.** est fausse : les surréalistes pratiquent l'écriture automatique. *Les Champs magnétiques*, de Breton et Soupault (1920), sont le premier texte écrit en écriture automatique.

4 Qui a écrit ?

Fiches 73, 74, 75, 76, 78, 79

1. **c.** – 2. **e.** – 3. **f.** – 4. **a.** – 5. **b.** – 6. **d.**

L'avènement du roman moderne : Proust, Gide

82

QUIZ p. 173

Proust et Gide renouvellent le roman, le premier en abandonnant l'intrigue comme fil conducteur, le second en posant au cœur de la fiction les questions de la vérité romanesque.

1 Marcel Proust (1871-1922) : le roman du souvenir

Né à Paris, fils de médecin, Proust a une enfance choyée mais une santé fragile. Il fait des études de lettres, fréquente les salons mondains, écrit des essais critiques. Après la mort de ses parents, il renonce à la vie mondaine et se consacre exclusivement à l'écriture de son cycle romanesque.

▶ *À la recherche du temps perdu* (1913-1927) est composé de sept volumes : *Du côté de chez Swann*, *À l'ombre des jeunes filles en fleurs*, *Le Côté de Guermantes*, *Sodome et Gomorrhe*, *La Prisonnière*, *Albertine disparue*, *Le Temps retrouvé*. Le narrateur cherche, au travers de ses souvenirs, à remonter le temps et à accéder à la vérité de son être.

▶ Dans le premier volume, il fait revivre les visages et les lieux de sa petite enfance : vacances à Combray, chez sa tante Léonie, entre le côté de Méséglise, où se trouve la propriété de Swann et le côté de Guermantes, où coule la Vivonne et ses nymphéas.

▶ Les souvenirs de ce passé restent incomplets jusqu'à ce qu'il le ressuscite miraculeusement, grâce à la **mémoire involontaire** :

> Je portai à mes lèvres une cuillerée du thé où j'avais laissé s'amollir un morceau de madeleine. Mais à l'instant où la gorgée mêlée des miettes du gâteau toucha mon palais, je tressaillis [...]. Et tout d'un coup le souvenir m'est apparu.
>
> ■ *Du côté de chez Swann*, I, 1

L'ESSENTIEL SUR ...

À LA RECHERCHE DU TEMPS PERDU

- **Une vaste fresque sociale et un roman psychologique** : l'itinéraire d'un homme à la recherche de lui-même.
- **L'importance de la mémoire involontaire** et de la création artistique qui permet d'échapper au temps.
- **Une phrase longue et complexe** qui suit les méandres de la pensée.

2 *André Gide (1869-1951) : un non-conformiste*

Gide reçoit une éducation rigoriste et se révolte contre la famille. Puis il mène une existence tourmentée « d'immoraliste », revendiquant au travers de la littérature son homosexualité.

▶ *Les Nourritures terrestres* (1897) sont un manifeste du « gidisme » : Gide enseigne au jeune Nathanaël l'art de goûter la vie.

▶ Dans *Les Caves du Vatican* (1914), Lafcadio, à la recherche de « l'acte gratuit », précipite un homme par la portière d'un train sans raison ni profit.

▶ Dans *La Symphonie pastorale* (1919), le pasteur d'un village perdu du Jura suisse recueille et éduque Gertrude, une jeune aveugle. Il s'éprend d'elle, en même temps que son fils Jacques. Après une opération, Gertrude recouvre la vue. Déçue par le visage vieilli du pasteur, elle comprend qu'elle est amoureuse de Jacques, et se jette dans la rivière.

▶ *Les Faux-Monnayeurs* (1925) se présentent comme le roman d'un roman. Édouard se demande comment écrire son roman intitulé *Les Faux-Monnayeurs*. L'action s'organise autour d'une bande d'adolescents qui s'affranchissent de leurs familles.

> Et... le sujet de ce roman ?
> – Il n'en a pas, repartit Édouard brusquement ; et c'est là ce qu'il a de plus étonnant peut-être. [...] je voudrais tout y faire entrer, dans ce roman. Pas de coups de ciseaux pour arrêter, ici plutôt que là, sa substance. Depuis plus d'un an que j'y travaille, il ne m'arrive rien que je n'y verse, et que je n'y veuille faire entrer [...].
>
> ■ *Les Faux-Monnayeurs*, II, 3, © Éditions Gallimard

L'ESSENTIEL SUR...

LES FAUX-MONNAYEURS

- **Une innovation importante dans l'écriture romanesque** avec la technique de la « mise en abyme » (le récit dans le récit) et l'entrecroisement des intrigues et des points de vue.
- **Des personnages qui trichent avec l'existence**, en véritables faux-monnayeurs de la vie.

Les romanciers catholiques : Mauriac, Bernanos

83

QUIZ p. 173

Les romanciers catholiques mettent en scène des consciences déchirées entre le bien et le mal.

1 François Mauriac (1885-1970) : une nature tourmentée

▶ Mauriac est issu de la riche bourgeoisie bordelaise, catholique et puritaine.

▶ *Thérèse Desqueyroux* (1927) : Thérèse a tenté d'empoisonner son mari, Bernard. Celui-ci se venge en la séquestrant jusqu'à son départ pour Paris où il l'accompagne. Ils se quittent dans un café.

> Si Bernard lui avait dit : « Je te pardonne, viens… » Elle se serait levée, l'aurait suivi. […]
> « Je veux une dernière fois vous demander pardon, Bernard. » Elle prononce ces mots avec trop de solennité et sans espoir – dernier effort pour que reprenne la conversation. Mais lui proteste : « N'en parlons plus… »
>
> ■ *Thérèse Desqueyroux*, XIII, © Éditions Bernard Grasset

L'ESSENTIEL SUR…

THÉRÈSE DESQUEYROUX

- **L'évocation d'une famille bourgeoise bien-pensante** qui vit dans l'hypocrisie et le paraître.
- **Un roman d'analyse qui utilise le monologue intérieur** pour dépeindre la complexité de Thérèse, révoltée et humiliée, à la fois coupable et victime.

2 Georges Bernanos (1888-1948) : la quête du salut

Catholique fervent, Bernanos entre tardivement en littérature. Installé à Majorque, il est le témoin de la guerre civile espagnole et soutient les républicains.

▶ Dans *Sous le soleil de Satan* (1926), Mouchette, meurtrière de son amant dont elle est enceinte, rencontre l'abbé Donissan qui l'arrache au mal.

▶ Dans *Les Grands Cimetières sous la lune* (1938), roman inspiré de la guerre d'Espagne, Bernanos s'élève contre Franco et le clergé espagnol, son complice.

Le roman du terroir : Colette, Giono

84

QUIZ p. 173

Colette et Giono témoignent, à travers leurs œuvres, de leur attachement à la nature et à la vie.

1 Colette (1873-1954) : l'amour de la vie

Colette, mariée trois fois, mène une vie anticonformiste.

▶ La série des *Claudine* (1900-1903) s'inspire de sa vie.

▶ *Chéri* (1920) raconte le drame d'une femme mûre et de son jeune amant.

▶ Dans *Le Blé en herbe* (1923), deux adolescents s'éveillent à l'amour.

> Vinca se coucha sur le flot, souffla de l'eau en l'air comme un petit phoque. […] Son ami plongea brusquement, saisit un pied de Vinca et la tira sous la vague.
>
> ■ *Le Blé en herbe*, chapitre 2, © Éditions Flammarion

▶ Dans *Sido* (1930), Colette évoque sa mère, amoureuse de la nature et des animaux.

L'ESSENTIEL SUR...

L'ŒUVRE DE COLETTE

- Une peinture de l'amour, de la nature et des animaux.
- Une écriture poétique, riche en images.

2 Jean Giono (1895-1970) : le retour à la terre

Né à Manosque, après la Première Guerre où il est mobilisé, Giono devient un pacifiste convaincu et dénonce la guerre (→ FICHE 88).

▶ Dans *Colline* (1929) et *Regain* (1930), des âmes solitaires et passionnées s'acharnent à faire revivre la nature.

▶ *Le Hussard sur le toit* (1951) : en 1832, alors qu'une épidémie de choléra ravage la Provence, le colonel de hussards Angelo Pardi, accusé d'être un empoisonneur, doit se réfugier sur les toits de Manosque.

▶ *Un roi sans divertissement* (1947) : dans un petit village alpin, durant l'hiver 1843, les meurtres se succèdent. Qui est fasciné par le sang sur la neige ? Langlois est chargé de l'enquête. Une narration moderne où se succèdent et s'entrecroisent les voix narratives.

Un nouveau réalisme romanesque : Martin du Gard, Aragon, Simenon

85

QUIZ p. 173

À partir des années 1930, se développe un nouveau réalisme qui se manifeste dans des romans-fleuves (Martin du Gard), des romans de mœurs (Aragon) ou des romans populistes (Simenon).

1 Roger Martin du Gard (1881-1958) : un roman-fleuve

INFO Le roman-fleuve, hérité de Balzac et Zola, est centré autour de la destinée d'un individu ou d'une famille. Le roman populiste met en scène des gens issus des milieux populaires.

▶ Issu de la grande bourgeoisie parisienne, il aborde rapidement la carrière des lettres. Mobilisé en 1914 et affecté au service du ravitaillement, il est témoin des atrocités du front. Après la guerre, il se consacre à l'écriture d'un roman-fleuve, *Les Thibault*.

▶ *Les Thibault* (8 vol., 1922-1940) content la destinée de deux frères très différents : Antoine, brillant médecin parisien, qui, gazé pendant la guerre, découvre lors de son agonie le sens de la vie, et Jacques l'insoumis, militant pacifiste qui meurt pour ses idées.

> – Ne crois-tu pas ? En un pareil moment, refuser de servir, c'est faire passer son intérêt personnel avant l'intérêt général.
> – Avant l'intérêt national ! riposta Jacques. L'intérêt général, l'intérêt des masses, c'est manifestement la paix, et non la guerre. [...] Je n'accepterai jamais qu'un gouvernement puisse me forcer à prendre part à une entreprise que je considère comme un crime [...]. Pour moi, l'héroïsme [...] n'est pas de prendre un fusil et de courir à la frontière ! c'est de lever les crosses, – et de se laisser conduire au poteau, plutôt que de se faire complice !...
>
> ■ *Les Thibault*, *L'Été 1914*, 1936, © Éditions Gallimard

L'ESSENTIEL SUR...

LES THIBAULT

- **Une fresque sociale sur fond d'histoire** contemporaine.
- **Une vision tragique de la condition humaine** qui préfigure l'absurde : la guerre, nouvelle forme de fatalité, ôte à la vie tout son sens.

2 Louis Aragon (1897-1982) : le réalisme socialiste

Aragon, poète (→ FICHE 75), est l'auteur d'un cycle romanesque intitulé *Le Monde réel*, dans lequel il cherche à illustrer les thèses du réalisme socialiste et dont font partie *Les Beaux Quartiers* et *Aurélien*.

▶ ***Les Beaux Quartiers*** (1936) évoque l'entraide impossible entre deux frères qui, à la fin de la Belle Époque, choisissent des voies opposées : Armand, l'ouvrier briseur de grèves, et Edmond, le riche bourgeois, symbole de la réussite sociale.

▶ ***Aurélien*** (1944) raconte l'échec de l'amour entre Aurélien Leurtillois, ancien combattant de la guerre de 14, et Bérénice, une jeune provinciale venue quelque temps à Paris.

> La première fois qu'Aurélien vit Bérénice, il la trouva franchement laide. Elle lui déplut, enfin. Il n'aimait pas comment elle était habillée. Une étoffe qu'il n'aurait pas choisie.
>
> ■ *Aurélien*, incipit, © Éditions Gallimard

L'ESSENTIEL SUR…

LES ROMANS D'ARAGON

- **Une vaste fresque sociale**, une condamnation des valeurs bourgeoises considérées comme décadentes.
- **Une large place accordée à la femme et à l'amour.**

3 Georges Simenon (1903-1989) : le roman d'atmosphère

Né à Liège, Simenon s'installe à Paris. Il écrit plus de trois cents romans, dont les uns présentent une enquête menée par le commissaire Maigret et les autres mettent en scène des êtres aux destins tragiques.

▶ ***Le Chien jaune*** (1931) se déroule à Concarneau, où la peur s'installe : coups de feu, tentative d'empoisonnement et, à chaque fois, la présence d'un mystérieux chien jaune…

▶ Dans ***L'Affaire Saint-Fiacre*** (1932), la comtesse du même nom meurt mystérieusement pendant la messe du jour des Morts…

L'ESSENTIEL SUR…

LES ROMANS DE SIMENON

- **Un personnage emblématique : Maigret**, commissaire bourru, sorte de confesseur des âmes.
- **La création du roman policier moderne** avec la primauté donnée à l'atmosphère (grisaille, pluie…) et au décor.

Le roman de l'aventure humaine : Saint-Exupéry, Malraux, Kessel

86

QUIZ p. 173

Les romanciers, dans les années 1930, mettent en scène des héros en quête de valeurs qui leur permettent d'assumer leur condition d'homme.

1 Antoine de Saint-Exupéry (1900-1944) : un pionnier de l'aviation

Pilote de ligne, journaliste, écrivain, Saint-Exupéry disparaît au cours d'une mission aérienne le 31 juillet 1944.

▶ Dans les pages héroïques de *Vol de nuit* (1931), Rivière, chef d'une équipe de l'Aéropostale en Amérique du Sud, perd l'un de ses pilotes au cours d'un vol périlleux.

▶ *Terre des hommes* (1939) est une suite de témoignages sur le métier de pilote.

▶ *Le Petit Prince* (1943) est un conte poétique porteur d'une grande sagesse. Une panne de moteur contraint le narrateur à atterrir dans le désert saharien. C'est alors que surgit un étrange petit garçon, venu d'une autre planète.

L'ESSENTIEL SUR...

L'ŒUVRE DE SAINT-EXUPÉRY

- **Une foi profonde en l'homme** et en la fraternité humaine.
- **Une méditation sur la fragilité et la solitude** de l'homme au sein de l'immensité.

2 André Malraux (1901-1976) : l'aventurier de la condition humaine

Archéologue, orientaliste, journaliste, romancier, philosophe de l'art, Malraux participe à la lutte contre le fascisme et rejoint la Résistance. Puis, il devient un fervent gaulliste.

▶ Dans *La Voie royale* (1930), un archéologue, Claude Vannec, et un vieil aventurier sont à la recherche de statues enfouies dans l'ancienne « voie royale khmère » au sein de la jungle cambodgienne.

▶ *La Condition humaine* (1933), sur toile de fond historique (l'insurrection communiste et sa répression à Shanghai, en 1927), met en scène quelques hommes (Kyo et son père, le vieux Gisors, Katow, Tchen) qui accomplissent leur destin dans l'action révolutionnaire.

> Tchen tenterait-il de lever la moustiquaire ? Frapperait-il au travers ? L'angoisse lui tordait l'estomac ; il connaissait sa propre fermeté, mais n'était capable en cet instant que d'y songer avec hébétude, fasciné par ce tas de mousseline blanche qui tombait du plafond sur un corps moins visible qu'une ombre, et d'où sortait seulement ce pied à demi-incliné par le sommeil, vivant quand même de la chair d'homme.
>
> ■ *La Condition humaine* (incipit), © Éditions Gallimard

▶ ***L'Espoir*** (1937) raconte un épisode de la guerre civile espagnole : le peuple organise la résistance contre le coup d'État fomenté par le général Franco.

INFO En 1936-1939, la guerre civile espagnole oppose les républicains aux forces franquistes.

L'ESSENTIEL SUR...

LES ROMANS DE MALRAUX

- **Des romans de la condition humaine** : comment donner sens à une vie confrontée à « l'absolue réalité de la mort » ?
- **Les solutions contre le désespoir** : l'engagement ou le combat, et l'art. L'art est un « **antidestin** » permettant d'accéder à l'éternité.
- **Une technique romanesque s'apparentant au cinéma** : plans rapides, jeux de lumières et de contrastes, flash-back.

3 Joseph Kessel (1898-1979) : un romancier reporter

Kessel, journaliste, romancier, reporter, grand voyageur, est né en Argentine, de parents russes. Il s'engage en 1919 dans l'aviation de combat, puis entre dans la Résistance en 1941. Il a écrit environ quatre-vingts romans, dont lès héros se dépassent dans le risque et l'action.

▶ ***L'Équipage*** (1923) raconte la vie d'une escadrille pendant la Grande Guerre et les combats aériens des premiers avions.

▶ ***L'Armée des ombres*** (1943) retrace le parcours d'hommes et de femmes qui ont choisi la voie de la Résistance au péril de leur vie.

▶ ***Le Lion*** (1958) a pour cadre le Kenya (Kilimandjaro), et raconte les relations que la petite Patricia a nouées avec son lion, King.

Céline : une révolution littéraire

87

? QUIZ p. 173

L'œuvre de Céline domine le roman français de la première partie du XXe siècle. Violente et passionnée, elle pose les fondements de l'écriture et du récit modernes.

1 Céline (1894-1961) : une existence aventureuse

INFO Louis-Ferdinand Destouches prendra pour pseudonyme littéraire le prénom de sa grand-mère, Céline.

▶ Louis-Ferdinand Céline naît à Courbevoie dans une famille modeste. Après son certificat d'études il devient apprenti chez un bijoutier. Engagé volontaire en 1912, il est blessé en 1914 et réformé en 1915. Son expérience de la guerre fait de lui un **antimilitariste** inconditionnel.

▶ De retour à Paris, il réussit à finir ses études de médecine, exerce en Afrique et en Amérique, puis à Clichy. La violence provocatrice de ses pamphlets antisémites (*Bagatelles pour un massacre*, 1937) et son **soutien à l'Allemagne nazie** le contraignent à quitter la France en 1944.

▶ À son retour, en 1951, il s'installe à Meudon où il vit en reclus, poursuivant son activité médicale et littéraire. La publication de ses œuvres, longtemps interdite, reprend alors peu à peu.

2 Voyage au bout de l'écriture

Louis-Ferdinand Céline commence à écrire à l'âge de trente-huit ans. Son œuvre, par son audace, bouleverse la littérature romanesque.

▶ *Voyage au bout de la nuit* (prix Renaudot 1932) raconte la vie désespérée de Ferdinand Bardamu, le héros-narrateur, double de Céline : l'horreur des combats en 1914 ; sa découverte des méfaits du colonialisme en Afrique ; l'enfer du travail à la chaîne dans l'usine Ford de Détroit, où il rencontre une généreuse prostituée, Molly, qui l'en délivre ; puis son retour à Paris et son travail de médecin dans la banlieue triste et pauvre de Rancy. Au bout d'une telle nuit, il n'y a pas d'aurore.

> Donc pas d'erreur ? Ce qu'on faisait à se tirer dessus, comme ça, sans même se voir, n'était pas défendu ! Cela faisait partie des choses qu'on peut faire sans mériter une bonne engueulade. C'était même reconnu, encouragé sans doute par les gens sérieux, comme le tirage au sort, les fiançailles, la chasse à courre !... Rien à dire. Je venais de découvrir d'un coup la guerre tout entière. J'étais dépucelé.
>
> ■ *Voyage au bout de la nuit*, © Éditions Gallimard

▶ ***Mort à crédit*** (1936) est un roman autobiographique. Le narrateur, Ferdinand, évoque d'abord son difficile métier de médecin, puis, au cours d'un retour en arrière, il raconte son enfance et sa vie de misère – années de déboires, d'échecs, de dégradation – jusqu'à sa décision de s'engager dans l'armée. La mort est le seul bien que l'on puisse avoir à crédit.

> Ma mère m'a reconduit à l'école avec mille recommandations. [...] Les gens l'avaient déjà prévenue qu'on me garderait pas huit jours. Je me suis tenu peinard, on m'a pas chassé. J'apprenais rien, c'est un fait. Ça me désespérait l'école [...].
>
> ■ *Mort à crédit*, © Éditions Gallimard

▶ La trilogie ***D'un château l'autre*** (1957), ***Nord*** (1960) et ***Rigodon*** (posth. 1969) relate la course éperdue de Céline avec sa femme Lucette, le chat Bébert, et son ami Le Vigan dans l'Allemagne de la débâcle en 1944.

INFO **Céline termine le roman *Rigodon* quelques heures avant sa mort, en juillet 1961.**

> Il n'a ni syntaxe, ni style ! Il n'écrit plus rien ! Il n'ose plus ! Ah ! turpitude ! menterie éhontée !... plein de style que je suis ! que oui ! et pire !
>
> ■ *Rigodon*, © Éditions Gallimard

L'ESSENTIEL SUR...

L'ŒUVRE DE CÉLINE

- **Un cri de rage** contre la misère humaine et l'absurdité d'un monde où l'on n'aperçoit pas le bout de la nuit.
- **L'obsession de la mort** : tout vivant est un mort en sursis.
- **Une écriture révolutionnaire** qui introduit le langage parlé, et en particulier les tournures populaires et argotiques, dans la langue écrite.

Récits et témoignages de la Grande Guerre

88

? QUIZ p. 173

La Grande Guerre a nourri une importante production littéraire : récits et témoignages écrits entre 1919 et 1930 ou romans contemporains.

1 Les romanciers témoins (1919 -1930)

A Henri Barbusse (1873-1935) : les soldats au feu

▶ Engagé volontaire, le journaliste Barbusse partage dans les tranchées la vie des Poilus, qu'il évoque avec réalisme dans son roman *Le Feu*, prix Goncourt en 1916.

▶ ***Le Feu***, sous-titré **« Journal d'une escouade »** (1916), peint avec fidélité le quotidien effroyable des tranchées.

> – Un peu, qu'on oublie ! [...] les veilles, sans bornes, à guetter l'ennemi qui est partout dans la nuit, et à lutter contre le sommeil, – et l'oreiller de fumier et de poux. Mais mêmes les [...] mitrailleuses, les mines, les gaz asphyxiants, les contre-attaques. [...]
> – Ah ! si on se rappelait ! s'écria l'un.
> – Si on s'rappelait, dit l'autre, y aurait plus d'guerre !
>
> ■ *Le Feu*, © Éditions Flammarion

B Roland Dorgelès (1885-1973) : l'hommage aux morts

Engagé volontaire en 1914, Dorgelès donne un témoignage simple et émouvant de la vie des tranchées dans ***Les Croix de bois*** (1919).

> Les obus se suivaient, précipités, mais on ne les entendait pas : c'était trop près, c'était trop fort. À chaque coup, le cœur décroché fait un bond ; la tête, les entrailles tout saute. [...] Entre chaque salve, dix secondes s'écoulaient, dix secondes à vivre, dix secondes immenses où tient tout le bonheur, et je regardais Fouillard, qui maintenant ne bougeait plus. Couché sur le côté, le visage violacé, il avait le cou béant égorgé comme on égorge les bêtes.
>
> ■ *Les Croix de bois*, chapitre XI, © Éditions Albin Michel

C Jean Giono (1895-1970) : la métaphore du troupeau

▶ Incorporé à Briançon en 1915 (→ FICHE 84), Giono revient dans sa Provence natale en 1919, écœuré par la guerre.

▶ ***Le Grand Troupeau*** (1931) fait alterner les scènes d'un village en Provence avec les scènes du front.

> [...] le troupeau bleu des soldats français glisse à la crête des herbes, vers les collines et la fumée. – À l'abattoir ! dit La Poule.
>
> ■ *Le Grand Troupeau*, © Éditions Gallimard

L'ESSENTIEL SUR...

LES ROMANS DE LA GUERRE DE 14-18

- **Un narrateur témoin** (récit à la première personne).
- **Les thèmes récurrents** : le départ pour la guerre, les combats, les paysages ravagés, le quotidien des soldats, l'omniprésence de la mort.
- **La peinture de sentiments forts** : le courage, la peur, la douleur, la pitié, les valeurs de la camaraderie.
- **Des images d'apocalypse.**

2 La Grande Guerre à travers les écrivains modernes

A Jean Rouaud (né en 1952) : l'histoire d'une famille

▶ Après avoir exercé divers métiers, Rouaud écrit son premier roman, *Les Champs d'honneur*, qui obtient le prix Goncourt en 1990.

▶ Dans ***Les Champs d'honneur*** (1990), à partir de la mort de deux membres de sa famille, le narrateur remonte à la guerre de 14-18 dont il fait résonner toute la souffrance.

B Marc Dugain (né en 1957) : les gueules cassées

▶ Durant son enfance, Dugain accompagne son grand-père au château des « Gueules cassées » en Seine-et-Marne, lieu d'accueil des mutilés de guerre blessés au visage.

▶ ***La Chambre des officiers*** (1998) relate le retour à la vie d'Adrien, un jeune lieutenant défiguré par un éclat d'obus en août 1914. Il est hospitalisé au Val-de-Grâce dans la chambre des officiers, une pièce sans miroir.

C Laurent Gaudé (né en 1972) : des cris déchirants

▶ Après avoir écrit pour le théâtre, Gaudé se lance dans l'écriture romanesque avec *Cris*.

▶ ***Cris*** (2001), écrit sous forme de monologues, plonge le lecteur dans le quotidien des tranchées à travers les voix de douze soldats.

Le roman existentialiste : Sartre, Beauvoir, Camus

89

QUIZ p. 173

Au milieu du xxe siècle, l'existentialisme* incite les écrivains à s'interroger sur l'absurde* de l'existence et le sens de la vie.

1 *Jean-Paul Sartre (1905-1980) : un écrivain engagé*

Militant de gauche, Sartre, agrégé de philosophie et compagnon de Simone de Beauvoir, se partage entre l'engagement politique, la littérature (→ FICHE 100) et la philosophie.

▶ Le héros de *La Nausée* (1938), Antoine Roquentin, traîne une existence morne ; un jour, il se sent pris de nausée à la pensée qu'il existe. Il songe à écrire un roman pour justifier son existence.

> Nous étions un tas d'existants gênés, embarrassés de nous-mêmes, nous n'avions pas la moindre raison d'être là, ni les uns ni les autres, chaque existant, confus, vaguement inquiet, se sentait de trop par rapport aux autres. [...] Le mot d'Absurdité naît à présent sous ma plume.
>
> ■ *La Nausée*, © Éditions Gallimard

▶ Dans la trilogie *Les Chemins de la liberté* (1945-1949), c'est l'action collective qui donne sens à l'existence.

▶ Dans *Les Mots* (1964), Sartre évoque ses souvenirs d'enfance et explique la naissance de sa vocation d'écrivain.

L'ESSENTIEL SUR...

L'ŒUVRE ROMANESQUE DE SARTRE

- **L'analyse du sentiment de l'absurdité de l'existence.**
- **Une philosophie de l'engagement**, recours contre l'angoisse existentielle.

2 *Simone de Beauvoir (1908-1986) : l'élan féministe*

Compagne de Sartre et comme lui agrégée de philosophie, elle est l'auteure de romans, de textes autobiographiques et d'essais.

▶ *Le Deuxième Sexe* (1949) traite de la relation de la femme à l'homme et de l'émancipation féminine.

▶ Les *Mémoires d'une jeune fille rangée* (1958), *La Force de l'âge* (1960), *La Force des choses* (1963), *Une mort très douce* (1964) présentent des souvenirs d'enfance et de jeunesse, une quête de sa vérité de femme, un témoignage sur la génération existentialiste, une réflexion sur la mort.

> [*À quinze ans, Simone de Beauvoir imagine sa vie en couple.*]
> [...] je tenais à mon indépendance ; j'exercerais un métier, j'écrirais, j'aurais une vie personnelle ; je ne m'envisageai jamais comme la compagne d'un homme : nous serions deux compagnons.
>
> ■ *Mémoires d'une jeune fille rangée*, © Éditions Gallimard

3 Albert Camus (1913-1960) : absurde et révolte

Né en Algérie dans un milieu modeste, Camus étudie la philosophie, entre dans la Résistance et fonde le journal *Combat*. Il meurt dans un accident de voiture.

▶ Le héros de ***L'Étranger*** (1942), l'Algérois Meursault, se sent étranger à sa vie : ni la mort de sa mère, ni l'amour de Marie ne semblent le toucher. Un jour, sur la plage, aveuglé par le soleil, il tue un Arabe. S'ensuit un procès. Meursault, condamné à mort, est confronté à l'absurdité de la vie et de la mort.

▶ ***La Peste*** (1947) se présente comme la chronique d'une ville, Oran, coupée du monde par une épidémie de peste. Chacun réagit différemment devant le fléau, symbole du mal. Les défauts des êtres se révèlent, mais aussi la force de la solidarité et de l'amitié.

> [*Tarrou discute avec son ami, le docteur Rieux.*]
> – [...] Peut-on être un saint sans Dieu, c'est le seul problème concret que je connaisse aujourd'hui. [...]
> – [...] Je n'ai pas de goût, je crois, pour l'héroïsme et la sainteté. Ce qui m'intéresse, c'est d'être un homme.
>
> ■ *La Peste*, partie IV, © Éditions Gallimard

L'ESSENTIEL SUR...

LA PESTE

- **Une référence à la guerre de 1939-1945.**
- **Un roman de la condition humaine** (le mal, l'absurde).
- **Face à l'absurde, une morale de la révolte et de l'action.**

Le surréalisme et ses prolongements : Breton, Vian, Queneau

90

? QUIZ p. 173

Breton expérimente le surréalisme dans le genre romanesque. Dans son sillage, Vian et Queneau écrivent des romans témoignant de leur goût du jeu verbal.

1 *André Breton (1896-1966) : en quête du hasard*

▶ Breton, poète (→ FICHE 74), est aussi l'auteur de récits.

▶ *Nadja* (1928) relate la rencontre, dans une rue de Paris, de Breton avec une inconnue au regard étrange. Voyante et fée, elle « possède » le poète et guide son inspiration en lui faisant entrevoir une réalité surréelle, aux portes du rêve. Mais elle paye de sa raison cet acte de possession et elle est internée.

> Elle s'arrête encore, s'accoude à la rampe de pierre d'où son regard et le mien plongent dans le fleuve à cette heure étincelant de lumières : « Cette main, cette main sur la Seine, pourquoi cette main qui flambe sur l'eau ? C'est vrai que l'eau et le feu sont la même chose. Mais que veut dire cette main ? [...] »
>
> ■ *Nadja*, © Éditions Gallimard

L'ESSENTIEL SUR...

NADJA

- **Une démarche surréaliste** : le rôle du hasard et le goût de l'errance, à la recherche de l'insolite.
- **Nadja, emblème de la femme surréaliste**, voyante et fée, guide inspiré et inspirant.

2 *Boris Vian (1920-1959) : un univers insolite*

Musicien de jazz, poète (→ FICHE 80), romancier, Vian meurt lors d'une projection du film *J'irai cracher sur vos tombes*, tiré de son roman.

> INFO Boris Vian prend plusieurs pseudonymes, dont Bison Ravi (anagramme de Boris Vian) ou encore Vernon Sullivan.

▶ *J'irai cracher sur vos tombes* (1946), pastiche du roman noir américain, est un violent pamphlet contre le racisme, publié sous le pseudonyme de Vernon Sullivan. Lee, un Noir à la peau claire, se venge cruellement du racisme dont les siens sont victimes sur deux jeunes filles blanches et riches.

▶ *L'Écume des jours* (1947) est un roman d'amour. Colin a épousé Chloé, mais celle-ci dépérit car un nénuphar lui dévore les poumons. Une petite souris grise partage le bonheur et le malheur de Colin.

L'ESSENTIEL SUR...

L'ÉCUME DES JOURS

- **La fragilité du bonheur**, la présence inéluctable de la mort.
- **Un univers merveilleux** où l'espace se rétrécit lorsque la souffrance envahit les êtres.
- **Un monde de désillusion** : dénonciation du travail aliénant, des industries d'armement ; impuissance de la religion.
- **L'invention verbale** : néologismes (« pianocktail »), contrepèteries (« porte-cuir en feuilles de Russie »).

3 Raymond Queneau (1903-1976) : l'humour gouailleur

▶ Du surréalisme, auquel il adhère de 1924 à 1929 (→ FICHE 80), Queneau garde la passion du langage.

▶ Alors que le métro est en grève, l'héroïne de *Zazie dans le métro* (1959), une petite provinciale turbulente et frondeuse, parcourt Paris où elle rencontre des personnages extravagants et drôles.

> – Tonton, qu'elle crie, on prend le métro ?
> – Non.
> – Comment ça, non ?
> Elle s'est arrêtée. Gabriel stoppe également, se retourne, pose la valoche et se met à espliquer.
> – Bin oui : non. Aujourd'hui, pas moyen. Y a grève. [...]
> – Ah les salauds, s'écrie Zazie, ah les vaches. Me faire ça à moi.
> ■ *Zazie dans le métro*, © Éditions Gallimard

L'ESSENTIEL SUR...

ZAZIE DANS LE MÉTRO

- **Une « épopée » parisienne** jubilatoire.
- **Une désacralisation du langage**, des fantaisies lexicales, une irrévérence burlesque (« Napoléon, mon cul »).

Le Nouveau Roman*

91

? QUIZ p. 173

Dans les années 1950 des romanciers rejettent deux piliers du roman traditionnel : l'intrigue et la psychologie du personnage.

1 *Nathalie Sarraute (1900-1999) : une pionnière*

Née en Russie, Nathalie Sarraute vit à Paris depuis l'âge de huit ans. Elle devient avocate puis se consacre à la littérature.

▶ Dans *Le Planétarium* (1959), un jeune ménage qui s'installe meuble son appartement. Leur famille s'en mêle. Sous le langage conventionnel se cachent des haines et des passions violentes.

L'ESSENTIEL SUR...

L'ŒUVRE DE NATHALIE SARRAUTE

- **La théorie de la sous-conversation** : au-delà de la conversation, il y a les non-dits, que le Nouveau Roman cherche à exprimer.
- **L'absence d'un narrateur traditionnel** : les voix des personnages s'entrecroisent au discours indirect libre.

▶ Dans *Enfance* (1983), sous la forme d'un dialogue à deux voix, Nathalie Sarraute évoque par bribes ses souvenirs d'enfance, ballotée entre le nouveau foyer de sa mère en Russie et le domicile parisien de son père, remarié à Véra.

2 *Claude Simon (1913-2005) : la quête du passé*

▶ Fait prisonnier en 1940, Claude Simon s'évade et commence à écrire. Il reçoit le prix Nobel de littérature en 1985.

▶ Dans *La Route des Flandres* (1960), Georges, le narrateur, cherche à savoir si la mort du capitaine de Reixach en 1940 est due à une balle allemande ou à un suicide.

L'ESSENTIEL SUR...

LA ROUTE DES FLANDRES

- **Un récit volontairement désorganisé** : télescopage des temporalités (présent et souvenirs), passage discontinu d'une image à l'autre.
- **Des phrases longues**, riches en parenthèses, suggérant les rapports de la conscience et de la réalité.

3 Alain Robbe-Grillet (1922-2008) : le roman des choses

▶ Alain Robbe-Grillet mène une double carrière de romancier et de cinéaste.

▶ Dans *Les Gommes* (1953), le détective Wallas est à la recherche de l'assassin de Dupont. Or, Dupont n'est pas mort. Wallas l'ignore et le tue par méprise. Était-ce son père ? Le voilà donc devenu le meurtrier qu'il recherchait.

L'ESSENTIEL SUR…

Les Gommes

- **Un antiroman** : pas d'analyse psychologique, une temporalité stagnante, la déconstruction de l'intrigue linéaire, l'omniprésence des objets.
- **Un roman parodique** : parodie du roman policier ; une version moderne de la tragédie d'Œdipe.

INFO Le titre *Les Gommes* renvoie à l'effacement des normes romanesques traditionnelles. Wallas est aussi à la recherche d'une gomme précise dont il a oublié la marque : il ne se souvient que de la syllabe centrale, *di* (le lecteur comprend que le nom est Œdipe).

4 Michel Butor (né en 1926) : le roman de la discontinuité

Butor, théoricien du Nouveau Roman, est poète, romancier, essayiste.

▶ *L'Emploi du temps* (1956) : Jacques Revel passe un an dans la ville anglaise de Bleston. S'y sentant mal à l'aise, il écrit un journal où coexistent des événements du passé et du présent.

▶ *La Modification* (1957) : dans le train de Paris à Rome, Delmont se demande s'il va quitter sa femme et ramener sa maîtresse à Paris. Par la pensée, il remonte le temps ou anticipe l'avenir. Progressivement se produit en lui une *modification* de son projet initial.

> Le train s'est arrêté ; vous êtes à Rome dans la moderne Stazione Termini. Il fait encore nuit noire. […]
> Vous vous levez, remettez votre manteau, prenez votre valise, ramassez votre livre.
>
> ■ *La Modification*, © Éditions de Minuit

L'ESSENTIEL SUR…

La Modification

- **Un roman écrit à la deuxième personne du pluriel** qui désigne le lecteur et l'implique largement dans l'histoire.
- Un roman qui explore les **jeux de l'espace et du temps.**

Dans le sillage du Nouveau Roman : Duras, Perec

92

? QUIZ p. 173

Marguerite Duras et Georges Perec sont proches du Nouveau Roman par la façon dont ils remettent en question les règles romanesques traditionnelles et renouvellent l'écriture.

1 *Marguerite Duras (1914-1996) : l'art du non-dit*

Profondément marquée par sa jeunesse passée en Indochine, Duras, arrivée à Paris en 1931, commence à écrire pendant la guerre.

▶ Dans *Moderato Cantabile* (1958), un homme et une femme qui ont été témoins d'un crime passionnel, se retrouvent cinq fois dans le café du meurtre. Ils tentent de reconstruire l'histoire des deux amants. Entre eux se tisse une relation où se mêlent l'amour et la mort.

▶ Pour le cinéaste Alain Resnais, Duras écrit le scénario et les dialogues d'*Hiroshima mon amour* (1959). Entre une Française et un Japonais naît un amour dans un cadre de mort, celui d'Hiroshima.

▶ *L'Amant* (prix Goncourt 1984), roman autobiographique, relate la passion entre la narratrice, une Française de quinze ans, et un riche Chinois qu'elle a connu sur le bac qui traverse le Mékong.

> L'homme élégant est descendu de la limousine, il fume une cigarette anglaise. Il regarde la jeune fille au feutre d'homme et aux chaussures d'or. Il vient vers elle lentement. [...] Il lui dit que le chapeau lui va bien, très bien même, que c'est... original... un chapeau d'homme, pourquoi pas ? elle est si jolie, elle peut tout se permettre.
>
> ■ *L'Amant*, © Éditions de Minuit

L'ESSENTIEL SUR...

L'ŒUVRE DE MARGUERITE DURAS

- **Une écriture à la fois romanesque, théâtrale et filmique**, où dominent des dialogues lourds de silences et où s'entrecroisent les thèmes de l'amour et de la mort.
- **Des personnages en proie à une douleur secrète** et dont les destins demeurent inaboutis.

2 Georges Perec (1936-1982) : le jeu de l'écriture

Né à Paris, fils de juifs polonais immigrés, Perec est orphelin très jeune : son père meurt à la guerre, sa mère à Auschwitz. Après des études littéraires, il écrit son premier roman, *Les Choses*. Il participe à l'Oulipo (→ FICHE 80) avec son ami Queneau.

▶ ***Les Choses*** (1965) raconte l'histoire d'un jeune couple parisien des années 1960 obsédé par le bien-être matériel.

> [...] antiquaires, libraires, marchands de disques, cartes des restaurants, agences de voyages, chemisiers, tailleurs, fromagers, chausseurs, confiseurs, charcuteries de luxe, papetiers, leurs itinéraires composaient leur véritable univers : là reposaient leurs ambitions, leurs espoirs. Là était la vraie vie [...].
>
> ■ *Les Choses*, © Éditions René Julliard

L'ESSENTIEL SUR...

LES CHOSES

- **Une observation critique** de la société de consommation.
- **Une évocation angoissante** de l'emprise des objets sur l'homme.

▶ ***La Disparition*** (1969) est un roman d'où est exclue la lettre *e*. Anton Voyll (Voyelle...) souffre d'insomnie puis disparaît aussitôt. Ses amis, inquiets, enquêtent à partir de ses écrits.

> **INFO** La disparition du *e* pourrait résumer les absences qui ont marqué la vie de Perec : sans *e*, plus de « père », de « mère », de « je », de « Georges Perec ».

> Anton Voyll n'arrivait pas à dormir. Il alluma. Son Jaz marquait minuit vingt. Il poussa un profond soupir, s'assit dans son lit, s'appuyant sur son polochon. Il prit un roman, il l'ouvrit, il lut, mais il n'y saisissait qu'un ombtohlio confus [...].
>
> ■ *La Disparition*, © Éditions Denoël

▶ Dans ***W ou le Souvenir d'enfance*** (1975), le récit autobiographique alterne avec celui d'un voyage dans une île imaginaire, W, qui se trouve être un camp de concentration.

▶ ***La Vie mode d'emploi*** (1978) fait l'inventaire des objets et des habitants d'un immeuble parisien, dont les histoires s'entrecroisent.

▶ Dans ***Je me souviens*** (1978), Perec égrène 480 petits souvenirs, « morceaux du quotidien ».

Un nouveau romanesque : Yourcenar, Gracq, Cohen, Gary, Tournier

93

QUIZ p. 173

Après les expériences du Nouveau Roman, quelques romanciers, soucieux de renouveler le genre romanesque, reviennent à un certain classicisme.*

1 Marguerite Yourcenar (1903-1987) : une fervente humaniste

▶ Brillante helléniste, elle est la première femme élue à l'Académie française, en 1980.

▶ Les *Mémoires d'Hadrien* (1951) se présentent sous la forme d'une lettre qu'écrit l'empereur Hadrien (76-138) à son petit-fils adoptif, Marc-Aurèle, appelé à lui succéder. À l'aube de sa mort, Hadrien retrace les étapes de son existence.

L'ESSENTIEL SUR...

Les Mémoires d'Hadrien

- Une œuvre de facture classique où se mêlent érudition, analyse psychologique, méditation sur la mort.
- Une recréation du passé, une écriture rigoureuse et dépouillée.

2 Julien Gracq (1910-2007) : le romancier de l'attente

▶ Louis Poirier, professeur d'histoire et écrivain, signe ses romans sous le nom de Julien Gracq.

▶ *Le Rivage des Syrtes* (1951) relate l'attente d'Aldo. Jeune officier cantonné dans une forteresse sur une côte désertique, Aldo attend et espère une déclaration de guerre qui n'arrive pas.

> J'ai pensé qu'on désirait sans oser me le dire
> que j'aille voir là-bas.
>
> ■ *Le Rivage des Syrtes*, © Éditions José Corti

L'ESSENTIEL SUR...

Le Rivage des Syrtes

- Une écriture poétique génératrice d'une inquiétante étrangeté.
- Des personnages dans l'attente, une narration lente qui reste aux confins de l'action.

3 *Albert Cohen (1895-1981) : épique et burlesque*

▶ Issu de la communauté juive de Corfou, Cohen mène toute sa vie une double carrière de diplomate et d'écrivain.

▶ *Belle du Seigneur* (1968) est la peinture ironique de la passion entre Solal, le séduisant et cynique sous-directeur de la Société des nations, et Ariane, une aristocrate genevoise naïve et fantaisiste.

> Tu lui diras naturellement qu'elle est la seule et l'unique, elles y tiennent aussi, que ses yeux sont ouvertures sur le divin, elle n'y comprendra goutte mais trouvera si beau qu'elle fermera lesdites ouvertures et sentira qu'avec toi ce sera une vie constamment déconjugalisée.
>
> ■ *Belle du Seigneur*, XXXV, © Éditions Gallimard

4 *Romain Gary (1914-1980) : le masque d'Émile Ajar*

Romain Gary est le pseudonyme sous lequel Romain Kacew rejoint la France libre en 1940. Après avoir obtenu le Goncourt pour *Les Racines du ciel* en 1956, il décide d'entamer une nouvelle carrière sous un nouveau pseudonyme, Émile Ajar.

▶ *La Promesse de l'aube* (1960) est un roman autobiographique.

▶ Dans *La Vie devant soi* (Goncourt 1975, signé Émile Ajar), Momo, un petit Arabe de Belleville, s'attache à madame Rosa, une ancienne prostituée qui l'a recueilli.

5 *Michel Tournier (né en 1924) : la puissance du mythe*

Pétri de culture germanique, philosophe de formation, Tournier arrive tardivement à la littérature.

▶ *Vendredi ou les Limbes du Pacifique* (1967), qui reprend le mythe de Robinson Crusoé, est une réflexion sur la civilisation.

▶ *Le Roi des aulnes* (Goncourt 1970) est la reprise d'un mythe germanique. Abel Tiffauges, humble garagiste, devient un nouveau « roi des aulnes ». Il participe aux persécutions nazies, mais la rencontre d'Éphraïm, un enfant juif échappé d'un camp, le révèle à lui-même. Portant l'enfant sur ses épaules pour le sauver, il s'enlise avec lui dans des congères boueuses.

> INFO Dans la ballade de Goethe (1782), le roi des aulnes, créature maléfique, poursuit un père qui chevauche la nuit, son enfant dans les bras. Lorsqu'il arrive chez lui, l'enfant est mort.

Le roman à la fin du XXe siècle (1) : Le Clézio, Ernaux, Quignard, Echenoz

94

? QUIZ p. 173

À la fin du XXe siècle, de nombreux auteurs s'interrogent sur la place de l'homme dans le monde et la société.

1 Le Clézio (né en 1940) et les mondes premiers

Jean-Marie Gustave Le Clézio, écrivain et grand voyageur, naît à Nice de parents originaires de l'île Maurice. En 2008, il obtient le prix Nobel de littérature.

▶ Le héros du ***Procès-verbal*** (Renaudot 1963), Adam Pollo, est un être en marge qui vit dans une maison abandonnée face à la mer, dans un rapport quasi fusionnel avec la nature. Les hommes l'arrêtent, le jugent puis l'incarcèrent dans un asile psychiatrique.

> J'espère qu'on me condamnera à quelque chose, afin que je paye de tout mon corps la faute de vivre.
>
> ■ *Le Procès-verbal*, © Éditions Gallimard

▶ Lalla, l'héroïne de ***Désert*** (1980), est née dans le Sahara. À Marseille où elle a émigré, elle mène une vie de misère jusqu'au jour où elle devient une cover-girl célèbre. Mais rien ne peut lui faire oublier les « hommes bleus » du désert.

> Il y a des gens maintenant qui la reconnaissent dans la rue, des jeunes filles qui lui donnent une de ses photos, pour qu'elle mette sa signature. Mais comme [Lalla] ne sait pas écrire, elle dessine seulement le signe de sa tribu, celui qu'on marque sur la peau des chameaux et des chèvres, et qui ressemble un peu à un cœur.
>
> ■ *Désert*, © Éditions Gallimard

L'ESSENTIEL SUR...

LES ROMANS DE LE CLÉZIO

- **Le « procès » d'une société moderne** violente et déshumanisée, la quête d'une vie plus authentique.
- **Une écriture poétique**, inventive et audacieuse.

2 Annie Ernaux (née en 1940) : le poids de la condition sociale

▶ Annie Ernaux est issue d'un milieu modeste. Des études supérieures lui permettent une ascension sociale qui l'éloigne de ses parents. Par l'écriture, elle remédie à la trahison que représente le passage d'une classe sociale à une autre.

▶ Dans *La Place* (1983), la narratrice trace le portrait de son père disparu, resté socialement à sa « place » et dont elle a parfois eu honte. Mais, en lui donnant toutes les chances de « se déplacer » dans un monde qui n'était pas le sien, il a joué le rôle de « passeur entre deux rives ».

> Peut-être sa plus grande fierté, ou même la justification de son existence : que j'appartienne au monde qui l'avait dédaigné.
>
> ■ *La Place*, © Éditions Gallimard

3 Pascal Quignard (né en 1948) : le silence et le repli

Auteur d'essais et de romans, passionné de musique baroque (il joue de la viole), Quignard vit dans l'Yonne, loin de l'agitation parisienne.

▶ *Tous les matins du monde* (1991), adapté au cinéma, fait découvrir la musique pour viole de M. de Sainte-Colombe, maître de Marin Marais, qui vit à l'écart du monde.

▶ Dans *Villa Amalia* (2006), roman lui aussi adapté au cinéma, Ann Hidden quitte tout. Elle trouve un moment de paix en Italie, dans une petite île au milieu de la mer.

4 Jean Echenoz (né en 1947) : l'art de la mise à distance

Après des études de sociologie, Echenoz, né à Orange, se consacre à la littérature.

▶ Dans *Je m'en vais* (prix Goncourt 1999), Ferrer, galeriste, quitte sa femme. Des aventures rocambolesques le conduisent jusqu'au Grand Nord, à la recherche d'objets d'art inuit. S'y ajoute une sombre histoire d'escroquerie. À son retour, alors que de nouveaux locataires fêtent la fin de l'année dans son ancien domicile, il est invité à entrer.

> *[Voici la première et la dernière phrase du roman].*
> Je m'en vais, dit Ferrer, je te quitte. [...] Je prends juste un verre et je m'en vais.
>
> ■ *Je m'en vais*, © Éditions de Minuit

▶ Dans *14* (2012), le narrateur raconte la guerre à hauteur d'homme, avec un humour désespéré.

Le roman à la fin du XXe siècle (2) : Modiano, Daeninckx, Gaudé, Houellebecq, Nothomb

95

QUIZ p. 173

Au tournant du XXIe siècle, la production romanesque est de plus en plus diverse. Chaque écrivain exprime son univers à travers l'aventure de l'écriture.

1 Patrick Modiano (né en 1945) : la nostalgie du passé

Patrick Modiano, né en 1945, se sent l'enfant des années troubles de l'Occupation. Sa mère, comédienne, et son père, juif apatride aux activités mystérieuses, le délaissent. Ce passé est à l'arrière-plan de toute son œuvre. Il reçoit le prix Nobel de littérature en 2014.

▶ Ses trois premiers romans, *La Place de l'Étoile* (1968), *La Ronde de nuit* (1969), *Les Boulevards de ceinture* (1972) se déroulent à Paris pendant l'Occupation.

▶ Dans *Rue des Boutiques Obscures* (Goncourt 1978), un certain Guy Roland enquête sur un inconnu disparu depuis longtemps, qui pourrait être lui et auquel il finit par s'identifier.

L'ESSENTIEL SUR...

LES ROMANS DE MODIANO

- **Des personnages en quête de leur identité**, l'exploration du passé, une prédilection pour la période de l'Occupation.
- **Une poétisation du réel** ; un sens aigu de la dérision.

2 Didier Daeninckx (né en 1949) : le pourfendeur des injustices

Écrivain engagé, Didier Daeninckx est l'auteur de romans noirs, de nouvelles et d'essais, ancrés dans la réalité sociale et politique.

▶ *Meurtres pour mémoire* (1984) évoque le massacre d'une centaine d'Algériens lors d'une manifestation à Paris, dans la nuit du 17 octobre 1961.

▶ *Cannibale* (1998) aborde la pratique des « zoos humains ». Lors de l'Exposition coloniale de 1931 à Paris, des Kanaks de Nouvelle-Calédonie sont exhibés comme des animaux au Jardin d'acclimatation.

> On nous jetait du pain, des bananes, des cacahuètes, des caramels... Des cailloux aussi. [...] toutes les cinq minutes l'un des nôtres devait s'approcher pour pousser un grand cri, en montrant ses dents, pour impressionner les badauds.
> ■ *Cannibale*, © Éditions Verdier

▶ ***Galadio*** (2010) révèle le sort terrible des Allemands métis dans l'Allemagne nazie à travers l'histoire de Galadio, né d'un père tirailleur sénégalais et d'une mère allemande.

3 Laurent Gaudé (né en 1972) : un lyrisme aride

Après son premier roman, *Cris* (→ FICHE 88), Gaudé publie ***Sous le soleil des Scorta*** (Goncourt 2004), récit de la destinée de la famille Scorta, de 1875 à nos jours, sur la terre aride des Pouilles.

4 Michel Houellebecq (né en 1956) : une œuvre cynique

Michel Houellebecq est l'auteur de romans, de poèmes, d'essais.

▶ ***Les Particules élémentaires*** (1998) racontent l'histoire de deux demi-frères, l'un obsédé par la recherche du plaisir sexuel, l'autre dénué de sexualité, en quête de l'amour vrai.

▶ Dans ***La Carte et le Territoire*** (Goncourt 2010), Jed Martin, artiste plasticien, demande à Michel Houellebecq de réaliser le catalogue de son exposition. En échange, il lui offre un tableau. Peu après, Houellebecq est retrouvé décapité dans sa demeure…

5 Amélie Nothomb (née en 1967) : un humour mordant

▶ Née à Bruxelles, fille de diplomate, elle vit sa petite enfance au Japon. Elle publie un roman par an.

▶ Dans ***Stupeur et tremblements*** (1999), récit autobiographique, la narratrice est engagée comme traductrice par la compagnie Yumimoto, à Tokyo, mais elle ne réussit guère à s'intégrer.

> Monsieur Haneda était le supérieur de monsieur Oochi, qui était le supérieur de monsieur Saito, qui était le supérieur de mademoiselle Mori, qui était ma supérieure. Et moi, je n'étais la supérieure de personne.
> ■ *Stupeur et tremblements*, © Éditions Albin Michel

▶ ***Métaphysique des tubes*** (2000), texte lui aussi autobiographique, porte sur les trois premières années de la vie de l'auteur.

Quiz express

96

Vérifiez que vous avez bien retenu les points importants.

fiches 82, 85 à 91, 93, 95, 103

Le roman au XXe siècle

1 Quelques œuvres et auteurs du XXe siècle

Retrouvez les auteurs des romans.

1. *Belle du Seigneur* •	• a. Modiano
2. *L'Étranger* •	• b. Sarraute
3. *Les Croix de bois* •	• c. Cohen
4. *Voyage au bout de la nuit* •	• d. Vian
5. *La Place de l'Étoile* •	• e. Camus
6. *L'Écume des jours* •	• f. Céline
7. *Enfance* •	• g. Dorgelès

2 Le roman existentialiste

	Vrai	Faux
1. Il célèbre le bonheur d'exister.	☐	☐
2. Il a trouvé un sens à l'existence.	☐	☐
3. Il s'interroge sur le sens de la vie.	☐	☐

3 Le Nouveau Roman

Cochez les bonnes réponses.

a. Il apparaît dans les années 2000.
b. Il est caractérisé par l'absence d'intrigue et la dissolution des personnages.
c. Le personnage est désigné par la deuxième personne du pluriel.

4 Les citations à connaître

En vous aidant de la liste, retrouvez les romans d'où sont extraites les citations suivantes.

a. *Du côté de chez Swann* – b. *Aurélien* – c. *La Condition humaine*

1. « Tchen tenterait-il de lever la moustiquaire ? »
2. « La première fois qu'Aurélien vit Bérénice, il la trouva franchement laide. »
3. « Je portai à mes lèvres une cuillerée du thé où j'avais laissé s'amollir un morceau de madeleine. »

Corrigés !

Score : ... / 15

1 Les œuvres et leurs auteurs

Fiches 82, 85, 87, 88, 91, 93, 95

1. c. – 2. e. – 3. g. – 4. f. – 5. a. – 6. d. – 7. b.

2 Le roman existentialiste

Fiches 89, 103

1. **Faux.** 2. **Faux.** 3. **Vrai.** Les écrivains existentialistes s'interrogent sur l'absurdité de la condition humaine : à quoi bon vivre si l'on est condamné à mourir ? Ce sont surtout Sartre et Camus qui donnent à l'absurde son statut littéraire.

3 Le *Nouveau Roman*

Fiches 91, 103

Réponse b. Le Nouveau Roman apparaît dans les années 1950. Le roman classique prétendait présenter des personnages aussi vrais que possible dans un récit organisé selon les lois de la chronologie. Le Nouveau Roman ne croit plus au personnage (la psychanalyse a révélé les incohérences et les zones d'ombre de la personnalité), refuse l'intrigue linéaire (au lieu de progresser, l'histoire se répète avec des variations) et l'organisation chronologique du récit.
Le personnage n'est désigné par la deuxième personne du pluriel que dans le roman de Michel Butor, *La Modification*.

4 Les citations à connaître

Fiches 82, 85, 89

1. c. – 2. b. – 3. a.

Le théâtre symboliste : Claudel (1868-1955)

97

? QUIZ p. 185

Alors que triomphe le théâtre de boulevard (→ FICHE 66), apparaît une figure mystique et solitaire issue du symbolisme*, Paul Claudel.

1 *Inspiration religieuse et passions humaines*

L'œuvre de Claudel (→ FICHE 72) est marquée par sa conversion fulgurante à la foi catholique la nuit de Noël 1886, à Notre-Dame de Paris. Elle porte aussi la marque de la passion tourmentée qu'il vit avec une femme mariée, au « midi » de son existence.

2 *Un théâtre de l'amour sacrifié*

▶ Cette passion adultère est transposée dans *Partage de midi* (1906) : lors d'un voyage en bateau, Mesa, un solitaire mystique, et Ysé, une femme mariée, sont irrésistiblement attirés l'un vers l'autre. Leur amour culmine dans la mort.

> YSÉ. – [...] Non, Mesa, il ne faut point m'aimer. Cela ne serait point bon. [...] Convenons que nous ne nous aimerons pas. Dites que vous ne m'aimerez pas. Ysé, je ne vous aimerai pas.
> MESA. – Ysé, je ne vous aimerai pas.
>
> ■ *Partage de midi*, © Éditions Gallimard

▶ Dans *L'Annonce faite à Marie* (1912), Violaine, fiancée à Jacques, embrasse par charité un lépreux. Sa sœur Mara, amoureuse de Jacques, lui rapporte la scène. Violaine ayant contracté la lèpre, Jacques épouse Mara. La petite fille née de ce mariage meurt. Violaine la ressuscite, mais les yeux de l'enfant sont devenus bleus comme ceux de la lépreuse.

▶ *Le Soulier de satin* (1929) raconte la passion impossible entre doña Prouhèze, mariée, et don Rodrigue. Ils uniront leurs âmes dans un renoncement réciproque.

L'ESSENTIEL SUR...

LE THÉÂTRE DE CLAUDEL

Une glorification du sacrifice : le bonheur n'est pas dans la réalisation de l'amour mais dans sa sublimation, qui passe par le renoncement.

L'inspiration comique au début du XXe siècle : Romains, Pagnol

98

QUIZ p. 185

Jules Romains renouvelle le théâtre de boulevard** (→ FICHE 66), **en cultivant la satire incisive, tandis que Pagnol évolue vers l'écriture cinématographique.

1 Jules Romains (1885-1972) : la farce satirique

Le théâtre de Jules Romains, professeur de philosophie, allie sérieux et fantaisie. Sa pièce *Knock ou le Triomphe de la médecine* (1924), dans laquelle un médecin charlatan exploite la crédulité de ses patients, remporte un énorme succès.

> KNOCK [...]. – Attention. Ne confondons pas. Est-ce que ça vous chatouille, ou est-ce que ça vous gratouille ?
>
> ■ *Knock ou le Triomphe de la médecine*, II, © Éditions Gallimard

2 Marcel Pagnol (1895-1974) : la verve méridionale

Né à Aubagne, Pagnol est romancier, dramaturge, et cinéaste.

▶ Dans la trilogie marseillaise de *Marius*, *Fanny*, *César* (1929-1936, adaptée au cinéma), « l'assent » et l'humour des joueurs de cartes, l'atmosphère colorée du Vieux-Port se nuancent d'émotion.

▶ En 1938, Pagnol porte à l'écran *La Femme du boulanger*, d'après un roman de Giono.

> *[Alors que sa femme, partie avec un berger, est de retour, le boulanger aperçoit la chatte Pomponnette qui elle aussi avait disparu.]*
>
> – Garce, salope, ordure, c'est maintenant que tu reviens ? Et le pauvre Pompon, dis, qui s'est fait un mauvais sang d'encre ! Il tournait, il virait, il cherchait dans tous les coins... Plus malheureux qu'une pierre, il était... Et elle, pendant ce temps-là avec ses chats de gouttières... Des inconnus, des bons à rien... Des passants du clair de lune. Qu'est-ce qu'ils avaient, dis, de plus que lui ?
>
> ■ *La Femme du boulanger*

L'ESSENTIEL SUR...

LE THÉÂTRE DE PAGNOL

- Une analyse pénétrante du caractère méridional.
- Une écriture vive, drôle et tendre, mise en valeur par Raimu.

Théâtre et mythes antiques : Giraudoux, Cocteau, Anouilh

99

QUIZ p. 185

Certains écrivains présentent une réflexion sur le sens de la vie en transposant au théâtre des mythes antiques qu'ils réactualisent.

1 Jean Giraudoux (1882-1944) : tragédie et humour

▶ Passionné par la culture allemande, Giraudoux mène une double carrière de diplomate et d'écrivain.

▶ *La guerre de Troie n'aura pas lieu* (1935) ou l'impossibilité d'éviter la guerre : Hélène et Pâris s'aiment-ils encore ? Ulysse, le guerrier grec, arrive à Troie pour négocier la restitution d'Hélène avec Hector, le chef troyen. Cependant la guerre de Troie aura lieu, à cause des hommes certes, mais aussi parce qu'elle est voulue par le destin.

INFO Le prince troyen Pâris a enlevé Hélène, l'épouse de Ménélas, roi de Sparte (Grèce), rapt qui déclenche la guerre de Troie où Grecs et Troyens vont s'affronter pendant dix ans.

L'ESSENTIEL SUR...

LA GUERRE DE TROIE N'AURA PAS LIEU

- **Une réflexion sur l'absurdité de la guerre** ; une sombre intuition de la Seconde Guerre mondiale.
- **Une vision fataliste** : l'Histoire est soumise à la marche inexorable du destin.
- **L'art du trait d'esprit** (« Un seul être vous manque et tout est repeuplé »).

2 Jean Cocteau (1889-1963) : théâtre et poésie

▶ Le théâtre de Cocteau renvoie à son univers poétique (→ FICHE 76).

INFO Œdipe, fils de Jocaste et de Laïos, roi de Thèbes, est abandonné par ses parents à qui l'oracle de Delphes a prédit qu'il tuerait son père et épouserait sa mère. Il est recueilli et élevé par le roi de Corinthe. Devenu adulte, l'oracle lui révèle la malédiction qui pèse sur lui ; il fuit alors ceux qu'il croit être ses parents. En chemin, il tue un homme lors d'une querelle, lequel n'est autre que son père. Puis, arrivé aux portes de Thèbes, il résout l'énigme que lui pose le Sphinx, tue le monstre et obtient pour récompense la main de Jocaste, veuve depuis peu…

▶ Dans *La Machine infernale* (1934), Œdipe rencontre le Sphinx qui, sous la forme d'une jeune fille, l'aide à triompher de l'épreuve : le destin est en marche, telle une « machine infernale ».

> ŒDIPE. – J'ai tué celui qu'il ne fallait pas. J'ai épousé celle qu'il ne fallait pas. J'ai perpétué ce qu'il ne fallait pas. Lumière est faite...
>
> ■ *La Machine infernale*, acte IV, © Éditions Grasset

L'ESSENTIEL SUR...

LA MACHINE INFERNALE

- **Un théâtre poétique, teinté de fantastique** : spectre de Laïus, apparition de Jocaste après sa mort…
- **Une œuvre hantée par l'énigme de la mort et du destin.**

3 Jean Anouilh (1910-1987) : la quête du bonheur

▶ Né à Bordeaux, Anouilh consacre sa vie au théâtre.

▶ *Antigone* (1944) est une reprise moderne de la tragédie de Sophocle (Ve siècle av. J.-C.). À Thèbes, Antigone, fille d'Œdipe et de Jocaste, affronte son oncle, le roi Créon, qui refuse une sépulture à son frère rebelle. Éprise d'idéal et d'absolu, elle rejette le bonheur et la vie de compromis que lui propose Créon.

> CRÉON. – [...] Tu l'apprendras toi aussi, trop tard, la vie c'est un livre qu'on aime, c'est un enfant qui joue à vos pieds, un outil qu'on tient dans sa main, un banc pour se reposer le soir devant sa maison [...] tu verras, [...] la vie, ce n'est peut-être tout de même que le bonheur.
>
> ■ *Antigone*, © Éditions de la Table Ronde

L'ESSENTIEL SUR...

ANTIGONE

- **La désacralisation du mythe grec** : l'Antigone d'Anouilh ne se bat plus au nom de valeurs sacrées, mais au nom de son idéal d'adolescente qui refuse les compromis du monde adulte.
- **Une Antigone considérée comme une figure de la Résistance** dans le contexte de la France occupée.
- **Un tragique moderne né du sentiment de l'absurde*** : Antigone ne sait plus pourquoi elle meurt.
- **L'usage constant des anachronismes** qui actualisent le mythe.

Le théâtre existentialiste : Sartre, Camus

100

QUIZ p. 179

À partir de 1945, le théâtre existentialiste aborde les questions métaphysiques et dévoile le tragique de la condition humaine.*

1 Sartre (1905-1980) : le tragique du choix

Sartre, philosophe et romancier (→ FICHE 89), est aussi dramaturge. Il porte sur la scène ses idées philosophiques et politiques.

▶ Dans *Les Mouches* (1943), Oreste se dresse contre les dieux et conquiert sa liberté, et celle de sa cité, en tuant sa mère et l'amant de celle-ci, meurtriers de son père. On a vu dans la pièce, écrite sous l'Occupation, un appel à la révolte contre l'ordre moral et social qui régnait à l'époque.

> INFO Les mouches symbolisent les Érynies, divinités du remords chargées, dans la mythologie grecque, de châtier toute atteinte à l'ordre établi et particulièrement le crime contre la famille.

▶ Dans *Huis clos* (1944), trois morts, Garcin, Estelle et Inès, sont réunis pour l'éternité dans le salon d'un hôtel sans miroirs ni fenêtres : ils sont en enfer, voués pour toujours à être soumis au regard de l'autre et à se torturer mutuellement.

> GARCIN. – Tu me verras toujours ?
> INÈS. – Toujours. [...]
> GARCIN. – [...] Alors, c'est ça, l'enfer ; je n'aurais jamais cru... Vous vous rappelez : le soufre, le bûcher, le gril... Ah ! quelle plaisanterie. Pas besoin de gril : l'enfer, c'est les Autres.
>
> ■ *Huis clos*, scène 5, © Éditions Gallimard

▶ *Les Mains sales* (1948) abordent la question de la fin et des moyens dans le contexte du communisme. Hoederer, le pragmatique, pense qu'il faut savoir se salir les mains et accepter des compromis ; Hugo, idéaliste exigeant, refuse de transiger, quitte à échouer dans son action.

> HOEDERER. – [...] Moi j'ai les mains sales jusqu'aux coudes. Je les ai plongées dans la merde et dans le sang. Et puis après ? Est-ce que tu t'imagines qu'on peut gouverner innocemment ?
>
> ■ *Les Mains sales*, Ve tableau, scène 3, © Éditions Gallimard

L'ESSENTIEL SUR...

LE THÉÂTRE DE SARTRE

- **Une réflexion sur la difficulté d'assumer sa liberté sans Dieu** : l'homme, « condamné à être libre », est seul pour tracer son chemin.
- **L'importance des actes** : les hommes n'existent que par leurs actes, ils ne sont jugés que d'après eux.

> GARCIN. – Je suis mort trop tôt. On ne m'a pas laissé le temps de faire mes actes.
> INÈS. – On meurt toujours trop tôt – ou trop tard. Et cependant, la vie est là, terminée ; le trait est tiré, il faut faire la somme. Tu n'es rien d'autre que ta vie.
> ■ *Huis clos*, © Éditions Gallimard

- **La question de la fin et des moyens en politique** : le pragmatisme s'oppose à l'idéalisme.

2 Albert Camus (1913-1960) : le conflit intérieur

Tout en poursuivant ses études de philosophie, Camus (→ FICHE 89) se passionne pour le théâtre et fonde une troupe à Alger.

▶ ***Caligula*** (1944) prend conscience de l'absurdité de la condition humaine après la mort de sa sœur. Révolté, il défie l'ordre des hommes et des dieux en se livrant à la débauche et au crime. Au moment de mourir, il reconnaît son erreur.

> INFO **Caligula, empereur romain qui a régné de 37 à 41, est resté célèbre pour sa cruauté et sa folie.**

> CALIGULA. – Je n'ai pas pris la voie qu'il fallait, je n'aboutis à rien. Ma liberté n'est pas la bonne.
> ■ *Caligula*, IV, 14, © Éditions Gallimard

▶ Dans ***Les Justes*** (1949), à Moscou, en 1905, un groupe de révolutionnaires prépare un attentat contre le grand-duc Serge, oncle du tsar. Mais leur chef, Kaliayev, renonce à lancer la bombe sur la calèche car il y a deux enfants à l'intérieur.

L'ESSENTIEL SUR...

LE THÉÂTRE DE CAMUS

- **La question de la légitimité de la violence** dans la lutte révolutionnaire : la fin justifie-t-elle les moyens ?
- **Une philosophie qui cherche à dépasser l'absurdité** de la condition humaine : il convient de ne pas choisir la mauvaise voie.

Le théâtre de l'absurde : Beckett, Ionesco, Genet

101

QUIZ p. 185

À partir des années 1950 apparaît un théâtre d'avant-garde* cultivant l'absurde* et la dérision. Le langage, disqualifié, perd sa fonction de communication.

1 *Samuel Beckett (1906-1989) : le tragique de l'attente*

Irlandais d'expression française, romancier, c'est au théâtre que Beckett se révèle.

▶ Dans *En attendant Godot* (1953), « sur une route à la campagne », deux marginaux tuent le temps en vains bavardages : ils attendent un certain Godot qui ne viendra jamais.

▶ *Oh les beaux jours* (1963) met en scène Winnie et son mari Willy. Winnie, « la cinquantaine », enterrée jusqu'à la taille dans un mamelon de terre, s'y enlise peu à peu. Elle se réfugie dans le bavardage, chantant les beaux jours passés.

L'ESSENTIEL SUR...

LE THÉÂTRE DE BECKETT

- **Des personnages déchus réduits à des voix** : clochards, vieillards, clowns enfouis dans des poubelles…
- **Une mise en spectacle de l'homme face au temps** et à l'absurde de sa condition, où se mélangent le **comique et le tragique**.

2 *Eugène Ionesco (1909-1994) : le tragique farcesque*

Né d'un père roumain et d'une mère française, Ionesco est partagé entre deux cultures. D'abord professeur de français, il se tourne vers le théâtre.

▶ *La Cantatrice chauve* (1950) est une « anti-pièce » : pas d'intrigue, des personnages inconsistants, les Smith et les Martin, un dialogue qui tourne à vide.

> *[La sonnette a retenti trois fois, et personne à la porte…]*
> M. SMITH. – Tiens, on sonne, il doit y avoir quelqu'un.
> Mme SMITH, *qui fait une crise de colère.* – Ne m'envoie plus ouvrir la porte. Tu as vu que c'était inutile. L'expérience nous apprend que lorsqu'on entend sonner à la porte, c'est qu'il n'y a jamais personne.
> Mme MARTIN. – Jamais.

M. MARTIN. – Ce n'est pas sûr.
M. SMITH. – C'est même faux. La plupart du temps, quand on entend sonner à la porte, c'est qu'il y a quelqu'un.

■ *La Cantatrice chauve*, scène 7,

▶ ***Rhinocéros*** (1960) dénonce l'hystérie collective qui conduit au totalitarisme. Les habitants d'une petite ville succombent un à un au charme de la métamorphose en rhinocéros. Tous sauf un, Bérenger, qui résiste, défendant son humanité.

BÉRENGER. – Je suis le dernier homme, je le resterai jusqu'au bout ! Je ne capitule pas !

■ Rhinocéros, acte III,

▶ ***Le roi se meurt*** (1962) montre la confrontation de Bérenger Ier, un roi d'opérette, avec sa mort. Il oscille entre la révolte, la résignation et la peur. Ses deux épouses assistent à son agonie.

MARGUERITE. – Il s'imagine qu'il est le premier à mourir.
MARIE. – Tout le monde est le premier à mourir.

■ *Le roi se meurt*,

L'ESSENTIEL SUR...

LE THÉÂTRE DE IONESCO

- **Sur le mode de la dérision, un théâtre tragique**, construit autour de l'absurdité du langage et de l'incommunicabilité.
- **Une méditation sur la mort**, « condition inadmissible de l'existence » (*Notes sur le théâtre*).

3 Jean Genet (1910-1986) : la beauté du mal

▶ Enfant abandonné, Genet a une jeunesse difficile et fait de fréquents séjours en prison. La littérature est pour lui un moyen d'expression privilégié.

▶ ***Les Bonnes*** (1947) mettent en scène deux sœurs, Solange et Claire, domestiques de Monsieur et Madame. En l'absence de Madame, elles jouent au jeu de la patronne et de la servante. Le jeu tourne au drame et finit par un meurtre.

L'ESSENTIEL SUR...

LE THÉÂTRE DE GENET

- **Un monde du travestissement et du simulacre**, voué au mal.
- **Un théâtre provocant et pervers**, métamorphosé par la force poétique de l'écriture.

Le théâtre contemporain : Grumberg, Novarina, Koltès, Reza, Schmitt

102

QUIZ p. 185

Les dramaturges contemporains suscitent l'émotion sur des modes différents. Ils interrogent notre époque dont ils soulignent les travers et les angoisses.

1 Jean-Claude Grumberg (né en 1939) : humour et gravité

▶ Son père et son grand-père sont morts en déportation. Apprenti tailleur très jeune, il devient comédien puis auteur dramatique.

▶ Dans *L'Atelier* (1979), les ouvrières et le patron d'un atelier de confection évoquent leur vie pendant l'Occupation et après la guerre. Autant de destins qui se croisent et soulèvent la même question : comment vivre après le traumatisme de la guerre et de la Shoah ?

2 Valère Novarina (né en 1947) : un théâtre de paroles

▶ Novarina est dramaturge, metteur en scène et peintre.

▶ Dans *L'Acte inconnu* (2007), une douzaine de personnages élèvent un monument de mots à la mémoire d'un de leurs compagnons. Ils abordent tous les sujets : Dieu, la guerre, la politique… et surtout le langage.

L'ESSENTIEL SUR…

LE THÉÂTRE DE NOVARINA

- **Un théâtre de l'événement absent**, tel un « acte inconnu ».
- **Un déferlement verbal** qui rend hommage au langage.
- **Un théâtre qui mêle** le cirque, le cabaret, l'opérette, la comédie satirique et burlesque, le drame.

3 Bernard-Marie Koltès (1948-1989) : lyrisme et violence

▶ Né à Metz, c'est une représentation de *Médée* qui décide de la vocation d'auteur dramatique de Koltès. En 1979, il rencontre Patrice Chéreau qui met en scène quatre de ses pièces.

▶ *Dans la solitude des champs de coton* (1986) évoque la confrontation entre un dealer et son client dans un lieu désert et indéterminé, à une heure tardive de la nuit. Commence une joute verbale autour du désir, à travers une logique de séduction et d'intimidation.

4 Yasmina Reza (née en 1955) : la nouvelle comédie de mœurs

Yasmina Reza, comédienne, romancière et dramaturge, s'est fait connaître dans le monde entier avec sa pièce *« Art »* (1994) : Serge, amateur d'art moderne, a acheté « un tableau blanc avec des liserés blancs ». Cet achat déclenche une vive tension entre lui et ses amis Marc et Yvan. Et les frustrations, les jalousies apparaissent au grand jour…

> MARC. – Tu as acheté cette merde deux cent mille francs ?!
> [...]
> SERGE. – [...] je voudrais savoir ce que tu entends par « cette merde ». [...] Tu ne t'intéresses pas à la peinture contemporaine, tu ne t'y es jamais intéressé. Tu n'as aucune connaissance dans ce domaine, donc comment peux-tu affirmer que tel objet, obéissant à des lois que tu ignores, est une merde ?
> MARC. – C'est une merde. Excuse-moi.
>
> ■ *« Art »*, © Éditions Albin Michel

L'ESSENTIEL SUR...

« ART »

- **Un regard caustique** sur la société.
- **Une analyse des rapports humains** montrés comme fragiles et tendus.
- **Un questionnement sur l'art.**

5 Éric-Emmanuel Schmitt (né en 1960) : la philosophie de la séduction

Après avoir enseigné la philosophie, Schmitt entame une carrière de dramaturge avec *La Nuit de Valognes* (1989), réécriture du mythe de Don Juan qui instruit le procès du séducteur. Mis en accusation par cinq femmes qu'il a séduites, Don Juan accepte la sentence : épouser sa dernière victime, Angélique. Mais, prisonnier de son mythe, il ne peut faire admettre sa métamorphose en honnête homme.

> SGANARELLE.– [...] le libertinage a cessé, la vertu règne, Don Juan sommeille.
>
> ■ *La Nuit de Valognes*, II, 2, © Éditions Actes Sud

Quiz express

Vérifiez que vous avez bien retenu les points importants. fiches 97 à 102

103

Le théâtre au XXe siècle

1 Les courants et les genres

Rattachez chaque pièce à son courant ou à son genre.

1. *Art* •	• a. théâtre existentialiste
2. *Le Soulier de satin* •	• b. théâtre symboliste
3. *Caligula* •	• c. comédie de mœurs
4. *En attendant Godot* •	• d. tragédie d'inspiration antique
5. *Antigone* •	• e. théâtre de l'absurde

2 Théâtre et mythe antique

	Vrai	Faux
1. *La Machine infernale* dénonce le machinisme moderne.	☐	☐
2. *La Machine infernale* est la métaphore du destin en marche.	☐	☐
3. L'Antigone d'Anouilh se bat au nom de valeurs sacrées.	☐	☐

3 Le théâtre de l'absurde

Quelle pièce dénonce l'hystérie collective qui conduit au totalitarisme ?

a. *Oh les beaux jours*
b. *Rhinocéros*
c. *La Cantatrice chauve*

4 Les citations clés

Retrouvez les pièces d'où sont extraites les citations.

a. *Knock ou le Triomphe de la médecine* – b. *Antigone* – c. *La Machine infernale* – d. *Huis clos*

1. « Pas besoin de gril, l'enfer, c'est les autres. »
2. « J'ai tué celui qu'il ne fallait pas. J'ai épousé celle qu'il ne fallait pas. »
3. « Ne confondons pas. Est-ce que ça vous chatouille, ou est-ce que ça vous gratouille ? »
4. « Tu verras [...]. La vie ce n'est peut-être que le bonheur. »

Corrigés !

Score : ... / 16

1 *Les courants et les genres*

Fiches 97, 99 à 102

1. **c.** – 2. **b.** – 3. **a.** – 4. **e.** – 5. **d.**

2 *Théâtre et mythe antique*

Fiche 99

1. **Faux.** 2. **Vrai.** Le titre choisi par Cocteau, *La Machine infernale*, renvoie au terrible engrenage du destin dans lequel est pris Œdipe.

3. **Faux.** C'est l'*Antigone* de Sophocle qui affronte Créon pour obéir aux lois divines qu'elle considère comme supérieures aux lois humaines : elle se doit en effet d'enterrer son frère pour assurer à son âme le repos éternel de l'Hadès. L'*Antigone* d'Anouilh, elle, se bat au nom de son idéal d'adolescente qui refuse les compromis du monde adulte.

3 *Le théâtre de l'absurde*

Fiche 101

Réponse b. Il s'agit de la pièce *Rhinocéros*, de Ionesco. Les habitants d'une petite ville succombent au charme de la métamorphose en rhinocéros. Seul Bérenger résiste et choisit de rester un homme.

4 *Les citations clés*

Fiches 98-100

1. **d.** « Pas besoin de gril, l'enfer, c'est les autres » : réplique formulée par Garcin dans *Huis clos*, de Sartre.

2. **c.** « J'ai tué celui qu'il ne fallait pas. J'ai épousé celle qu'il ne fallait pas » : réplique prononcée par Œdipe dans *La Machine infernale*, de Cocteau. Le berger vient de lui révéler qu'il a tué son père Laïos et épousé sa mère Jocaste, la reine de Thèbes.

3. **a.** « Est-ce que ça vous chatouille, ou est-ce que ça vous gratouille ? » : réplique prononcée par un médecin charlatan, le docteur Knock, dans *Knock ou le Triomphe de la médecine*, de Jules Romains.

4. **b.** « Tu verras [...]. La vie ce n'est peut-être que le bonheur » : réplique prononcée par Créon dans l'*Antigone* d'Anouilh, au moment où il se confronte avec sa nièce Antigone sur la question du bonheur.

Récap' express 104

Les mots clés de la littérature du XXe siècle

MOUVEMENTS LITTÉRAIRES ET COURANTS DE PENSÉE

▶ Dada ou dadaïsme. Mouvement littéraire et artistique visant à la destruction de toutes les valeurs et à la désagrégation du langage. Le mouvement, fondé en 1916 par un jeune poète roumain, **Tristan Tzara**, reçoit l'appellation de « dada » précisément parce que le mot ne signifie rien. Le dadaïsme a largement préparé le terrain au **surréalisme**.

▶ Existentialisme. Système philosophique issu des philosophes Kierkegaard (1813-1855) et Heidegger (1889-1976) représenté en France par **Sartre et Camus**. Pour les existentialistes, **l'homme ne se définit que par la somme de ses actes** et ne trouve son identité qu'à travers **son existence**. Aucune divinité ne donnera de sens à sa vie. Jeté dans un **monde absurde**, l'homme découvre avec angoisse qu'il est responsable de ce qu'il fait ; il est **« condamné à être libre »** et à se choisir à tous les instants.

▶ Surréalisme. Mouvement poétique fondé en 1924 par **André Breton** et Philippe Soupault (→ FICHE 74) et qui s'étend très vite à tous les arts. Le surréalisme veut **libérer l'artiste des contraintes imposées par le goût et la raison**. La poésie sera désormais une **plongée dans l'inconscient** dont elle transcrira les messages les plus insolites et les plus imagés, en l'absence de toute préoccupation esthétique ou morale. On atteint alors un **monde surréel.**

L'HOMME FACE À SA CONDITION

▶ Absurde. Sentiment que l'existence et la marche du monde n'ont **pas de sens**. La notion d'absurde est empruntée à Camus qui, dans *Le Mythe de Sisyphe* (1942), *L'Étranger* (1942) et *Caligula* (1945), montre la vanité, l'incohérence et l'absurdité de la condition humaine. Le héros absurde affronte cependant son destin.

▶ Engagement. Attitude consistant à **mettre son œuvre au service d'une idéologie**. Le thème de l'engagement de l'écrivain, s'est développé à partir de la Seconde Guerre mondiale et a été mis à l'honneur par **Jean-Paul Sartre** (→ FICHE 89) : la fonction de l'écrivain est de « faire en sorte que nul ne puisse ignorer le monde et que nul ne s'en puisse dire innocent » (*Qu'est-ce que la littérature ?* 1947). Tout homme, qu'il le veuille ou non, se trouve engagé, car ne pas choisir est encore une manière de choisir, donc de se faire complice des injustices ou des oppressions du monde.

VOIES ET FORMES NOUVELLES

▶ Avant-garde (théâtre). Nouvelle forme de théâtre qui se développe dans les années 1950 à la suite de **Ionesco**, **Beckett**, **Genet** (→ FICHE 101). Joué dans les petites salles parisiennes, ce théâtre est fondé sur le **non-sens**, qui déconstruit le dialogue et affecte la perception du temps et de l'espace.

▶ Écriture automatique. Pratiquée par les surréalistes, elle consiste à **écrire spontanément** et sans aucun contrôle tout ce qui se présente à l'esprit. Cette technique sera vite abandonnée, mais les surréalistes en garderont une grande liberté d'écriture et une prédilection pour l'étrange.

▶ Nouveau Roman. Nouvelle forme de création romanesque qui prévaut dans les années 1950 et qui se caractérise par l'**absence d'intrigue**, le **refus de tout support chronologique**, la **dissolution des personnages** et la **présence obsédante des objets**. Le romancier perçoit le monde comme formé d'éléments discontinus où les choses jaillissent sans raison et où se meuvent des êtres infiniment complexes et indéfinissables. Selon la formule de Jean Ricardou, théoricien du Nouveau Roman, il est **« l'aventure d'une écriture », plutôt que « l'écriture d'une aventure »**.

Index des auteurs

A

B

C

D

E, F

G

H, I, J, K

ÉVÉNEMENTS HISTORIQUES

1700

Louis XV (1715-1774)

- 1705 : Première machine à vapeur industrielle
- 174 Guerr

ARTS ET LITTÉRATURE

LES LUMIÈRES

- Supériorité de la raison et du savoir sur la supersti
- Exercice de l'esprit critique dans les questions religieuses, politiques, morales, scientifiques
- *L'Encyclopédie*, symbole des Lumières

▶ Ce célèbre tableau, deve l'un des symboles du liberti au siècle des Lumières, fut pour être le pendant d'une *Adoration des bergers* : Fra entendait ainsi opposer l'ar profane à l'amour sacré.

- 1721 : Montesquieu, *Lettres persanes*
- 1730 : Marivaux, *Le Jeu de l'amour et du hasard*
- 1731-1734 : Marivaux, *La Vie de Marianne*
- 1731 : Prévost, *Histoire du chevalier des Grieux et de Manon Lescaut*
- 1748 : Montesquieu, *De l'esprit des lois*
- 1748 : Voltaire, *Zadig ou la Destinée*
- 1750 : Rousseau, *Discours sur les sciences et les arts*

1650

3-1715)

1661 : Début du règne personnel de Louis XIV et de l'absolutisme

1661 :
ministre

1662-1683 :
Colbert ministre

1648-1653 :
La Fronde

1685 : Révocation de l'Édit de Nantes

CLASSICISME

- Idéal de mesure, de pureté et de naturel
- Régularisation du théâtre
- Utilité de la littérature : plaire pour instruire

Ulysse remet Chryséis à son père, Claude Gelée, dit Le Lorrain (vers 1644)

▲ Un épisode de l'*Iliade* placé dans un décor d'architectures classiques et de soleil couchant. Une composition harmonieuse, à la perspective parfaite.

- 1662 : Pascal, *Pensées*
- 1665-1678 : La Rochefoucauld, *Maximes*
- 1666 : Molière, *Le Misanthrope*
- 1667 : Racine, *Andromaque*
- 1668-1694 : La Fontaine, *Fables*
- 1669 : Molière, *Tartuffe*
- 1674 : Boileau, *Art poétique*
- 1677 : Racine, *Phèdre*
- 1678 : Mme de La Fayette, *La Princesse de Clèves*
- 1688-1696 : La Bruyère, *Les Caractères*
- 1697 : Perrault, *Contes*

1750

Louis XVI (1774-1795) De la Ire Rép. au Consulat (1792-1

- 1761-1764 : Affaire Calas
- 1789 : Prise de la Ba
- 1776-1778 : Guerre d'Indépendance des États-Unis
- 1793 : Louis XV

-1748 :
de Succession d'Autriche

ion

Le Verrou, Jean-Honoré Fragonard (vers 1777)

ıu
ıage
onçu
gonard
ıour

- 1751-1780 : *Encyclopédie*
- 1759 : Voltaire, *Candide ou l'Optimisme*
- 1761 : Rousseau, *Julie ou la Nouvelle Héloïse*
- 1765-1796 : Diderot, *Jacques le fataliste*
- 1765-1770 : Rousseau, *Confessions*
- 1767 : Voltaire, *L'Ingénu*
- 1782 : Laclos, *Les Liaisons dangereuses*
- 1784 : Beaumarchais, *Le Mariage de Figaro*

1600

510) Louis XIII (1610-1643) Louis XIV (164

1624-1642 : Richelieu ministre

1643 Mazari

elemy

1635 : Fondation de l'Académie française

598 : Édit de Nantes

T PRÉCIOSITÉ

n monde instable
t du mouvement
n et du déguisement
oésie galante de la préciosité

le
position
cette
oignent
ien
inture

Le Jugement de Salomon, Jean Valentin de Boulogne (vers 1625)

- 1607-1627 : D'Urfé, *L'Astrée*
- 1616 : D'Aubigné, *Les Tragiques*
- 1628 : Malherbe, *Œuvres poétiques*
- 1636 : Corneille, *L'Illusion comique*
- 1637 : Corneille, *Le Cid*

1800 — 1

04) Napoléon Ier (1804-1814) Restaurat. et mon. de Juillet (1814-1848) II

- 1805 : Code civil
- 1805 : Victoire d'Austerlitz
- 1815 : Défaite de Waterloo
- 1830 : Révolution de Juillet
- 1848 Révolut

stille

guillotiné

- 1799 : Coup d'État de Napoléon Bonaparte

ROMANTISME

- Littérature libérée des règles fixées par la tradition
- Promotion du « moi » et des sentiments
- Mélancolie et « mal du siècle »
- Attrait pour le spirituel, le mystérieux voire le surnaturel

Atala au tombeau, Trioson Girodet (1808)

▲ Une scène inspirée de l'*Atala* de Chateaubriand, des personnages idéalisés, une profonde religiosité teintée de mélancolie, une forte dramatisation par l'usage du clair-obscur : ce tableau présente les caractéristiques majeures de la peinture romantique française.

- 1801 : Chateaubriand, *Atala*
- 1809-1848 : Chateaubriand, *Mémoires d'outre-tombe*
- 1820 : Lamartine, *Méditations poétiques*
- 1826-1847 : Balzac, *La Comédie humaine*
- 1830 : Hugo, *Hernani*
- 1830 : Stendhal, *Le Rouge et le Noir*
- 1831 : Hugo, *Notre-Dame de Paris*
- 1836 : Musset, *La Confession d'un enfant du siècle*
- 1839 : Stendhal, *La Chartreuse de Parme*

1550

-1559) Charles IX (1560-1574) Henri III (1574-1589) Henri IV (1589-1

- 1562-1598 : Guerres de Religion
- 1572 : Massacre de la Saint-Barth

de France

ce de Villers-Cotterêts

BAROQUE E

- Représentation d'
- Art du contraste e
- Thèmes de l'illusic
- Jeux de salons et

portrait
de

c les
ptiste (la
la croix,
trication
du
e siècle
paraître
t.

La **Pléiade**
– Poésie savante écrite en français
– Formes inspirées de la littérature antique
– Introduction du sonnet, diffusion de l'alexandrin

▶ Les violents effets
clair-obscur et la com
très mouvementée d
scène pathétique tén
de l'influence de l'Ita
Le Caravage sur la pe
baroque française.

agruel
antua

- 1552 : Ronsard, *Les Amours*
- 1558 : Du Bellay, *Les Regrets*
- 1580-1592 : Montaigne, *Essais*

350 — 1900

République (1848-1852) Napoléon III (1852-1870) IIIe Républ

on de Février

1851 : Coup d'État de Louis-Napoléon Bonaparte

1853-1870 : Grands travaux du préfet Haussmann, à Paris

1870 : Défaite de Sedan

1871 : Commune de Paris

1894-1906 : Affaire Dreyfus

191 Prem

RÉALISME	**NATURALISME**
PARNASSE	**SYMBOLISME**

- **Le réalisme** : peinture de la réalité contre l'idéalisation romantique ; promotion de la description, jeux de focalisation.
- **Le naturalisme** : peinture des milieux sociaux et de leur influence sur les individus ; utilisation des dernières découvertes médicales sur la folie ou l'hérédité ; démarche expérimentale.
- **Le Parnasse** : culte de la beauté pure et de l'art pour l'art ; recherche de la perfection formelle.
- **Le symbolisme** : promotion du symbole et de l'image ; suggérer plutôt que nommer ; recherche d'une nouvelle musicalité par la libération progressive de la versification.

- 1857 : Baudelaire, *Les Fleurs du mal*
- 1857 : Flaubert, *Madame Bovary*
- 1866 : Verlaine, *Poèmes saturniens*
- 1869 : Flaubert, *L'Éducation sentimentale*
- 1869-1872 : Rimbaud, *Poésies*
- 1871-1893 : Zola, *Les Rougon-Macquart*
- 1883 : Maupassant, *Une vie*
- 1886 : Rimbaud, *Illuminations*
- 1887 : Mallarmé, *Poésies*

- 191
- 191
- 192
- 19
- 193
- 193
- 19
- 19
- 19

1500

Louis XII (1498-1515) François Ier (1515-1547) Henri II (154

- 1456 : Débuts de l'imprimerie
- 1492 : Découverte des Amériques
- 78-1417 : d Schisme cident
- 1494-1559 : Guerres d'Italie
- 1517 : Début de la Réforme protestante
- 1529 : Fondation du Collèg
- 1453 : Constantinople (Byzance) prise par les Turcs
- 1539 : Ordonnan

HUMANISME

- L'homme au centre des préoccupations
- Curiosité pour tous les domaines du savoir
- Redécouverte des textes antiques
- Rénovation de l'Église et des pratiques religieuses

ures du n recueil umes eure de minures té es de stituent de l'art Moyen de la vie époque.

uc de Berry,

Portrait de François Ier en saint Jean-Baptiste, Jean Clouet (1518)

◄ Un étrange du monarque la Renaissance représenté av attributs du B peau de bête, l'agneau) : l'in du religieux e politique au x ne pourrait ap plus nettemen

nart n,

- 1511 : Érasme, *Éloge de la folie*
- 1516 : More, *Utopie*
- 1532 : Rabelais, *Pant*
- 1534 : Rabelais, *Garg*

1950

ique (1870-1940)

Vichy (1940-194

4-1918 :
ère Guerre mondiale

1917 :
Révolution russe

1929 : Krach boursier
à Wall Street (New York)

1933 : Hitler au
pouvoir en Allemagne

1936-1939 :
Guerre civile espagnole

1939-1945 :
Seconde Guerre mondiale

1949 : Proclar
populaire de Ch

1954-19
Guerre d'A

1957
économ

SURRÉALISME

- Représentation de la surréalité, conçue comme fusion du rêve et de la réalité
- Écriture automatique et jeux littéraires collectifs
- Un art subversif et anticonformiste

NO

- Ref
- Déc
- Crit

◀ Le maître espagnol est le plus célèbre des peintres surréalistes. Ses tableaux juxtaposent des éléments incongrus qui plongent le spectateur dans un univers onirique.

Guillaume Tell, Salvador Dalí (1930)

Grand ocre
Oli

▲ Olivier
peinture
que la for
l'œuvre.

3 : Apollinaire, *Alcools*
3-1927 : Proust, *À la recherche du temps perdu*
4 : Breton, *Manifeste du surréalisme*
6 : Éluard, *Capitale de la douleur*
2 : Céline, *Voyage au bout de la nuit*
8 : Sartre, *La Nausée*
2 : Aragon, *Les Yeux d'Elsa*
2 : Camus, *L'Étranger*
2 : Ponge, *Le Parti pris des choses*

- 1950 :
- 1951 :
- 1953 :
- 1957 :
- 1957 :
- 1957 :
- 1960 :
- 1963 :
- 1964 :
- 1984 :

MOYEN ÂGE

e trône,
nain

ıation

christianisme
e religion
de l'Empire

: Chute de
, fin de l'Empire
n d'Occident

- IXe siècle : Invasions normandes
- XIe siècle : Développement des ordres religieux
- 1163 : Hérésie cathare
- 1180-1223 : Règne de Philippe-Auguste
- Fin du XIIe siècle : Développement des ordres mendiants
- 1226-1270 : Règne de Saint Louis
- 1337-1475 : Guerre de Cent Ans
- 1348-1358 : Peste noire
- 13
Grar
d'Oc

re en Grèce
pole à Athènes

- Fin du XIIe siècle : Romans de Chrétien de Troyes
- XVe siècle : Poésie de Charles d'Orléans
- XIVe siècle : Poésie lyrique d'Eustache Deschamps, Guillaume de Machaut, Christine de Pisan

ans l'*Iliade*
stitution à
le monde.
i entoure
igure les
l'agriculture,

◀ Les *Très Riches He*
duc de Berry sont u
de prières et de psa
adaptés à chaque h
la journée. Les enlu
qui l'illustrent ont é
réalisées par les frèr
Limbourg : elles cor
un très bel exemple
de la miniature au M
Âge et témoignent
quotidienne à cette

Les Très Riches Heures du c
Pol de Limbourg (XVe siècle)

grecs

tine

- 1070 : *Chanson de Roland*
- 1160 : *Jeu d'Adam*
- 1170 : *Roman de Re*
- 1461 : François Villo
Testament

Frise chronologique

ANTIQUITÉ

ÉVÉNEMENTS HISTORIQUES

- Vers – 3300 : Premières écritures
- – 753 : Fondation de Rome
- – 509 à – 27 : République romaine
- – 443 : Périclès stratège à Athènes
- – 336 : Début du règne d'Alexandre le Grand
- – 27 : Auguste sur … début de l'Empire ro…
- 29 : Condam… à mort de Jésu…
- 394 : Le… est la seu… officielle
- 476… Rome… roma…

ARTS ET LITTÉRATURE

- – 550 : Construction du théâtre d'Épidau…
- – 450 : Phidias dirige les travaux de l'Acro…

Le bouclier d'Achille, Nicolas Vleughels (1715)

▲ Le bouclier d'Achille que décrit Homère c… n'a jamais existé. Ce dessin en est une recon… partir du texte grec. Le bouclier est à lui seu… La bordure extérieure représente l'océan qu… le monde ; son centre est l'univers ; la frise f… préoccupations humaines (la paix, la guerre… la cité, la vie pastorale).

- VIIIe siècle av. J.-C. : L'*Iliade* et l'*Odyssée*
- Ve siècle av. J.-C. : Les tragiques grecs (Eschyle, Sophocle, Euripide)
- Ve et IVe siècles av. J.-C. : Les philosophe… (Socrate, Platon, Aristote)
- Ier siècle av. J.-C. : Littérature classique l… (Cicéron, Virgile, Horace, Ovide)

Ce dépliant est extrait des *Fiches Bac Français* 2de (B. Darbeau).

2000

) IVe République (1946-1958) Ve République (1958-…)

2 :
lgérie

Création de la Communauté
que européenne

ation de la République
ne

● 1959-1975 :
Guerres du Viêtnam

● 1968 :
Événements de Mai en France

● 1989 :
Chute du mur de Berlin

UVEAU ROMAN

is des conventions du roman traditionnel
onstruction du personnage romanesque
que de la description et des procédés du réalisme

ache jaune pâle,
er Debré (1964)

Debré est l'un des représentants majeurs de la
bstraite en France : le titre de ce tableau montre
ne et la couleur deviennent les sujets mêmes de

onesco, *La Cantatrice chauve*
Gracq, *Le Rivage des Syrtes*
Beckett, *En attendant Godot*
arraute, *Tropismes*
utor, *La Modification*
Robbe-Grillet, *La Jalousie*
imon, *La Route des Flandres*
e Clézio, *Le Procès-verbal*
artre, *Les Mots*
Duras, *L'Amant*

Frise chronologique